1923

Les années-mémoire

LAROUSSE

notre temps magazine

Rédacteur en chef
Albert Blanchard

Secrétariat de rédaction
Sylvie Marchand
Béatrice Siourd

Textes
Jean-Paul Caracalla
Jean-Claude Damamme
Michel Haas
Serge Laget
Guy-Abel Marinoni
Pierre Vialatte

Iconographie
Nane Dujour
Nanon Gardin
François Debreczeny

Documentation
Véronique Zundel
Perrine Marchand

Cartographie
Gilles Alkan

Fabrication
Marlène Delbeken

Maquette
Guy Loriot
Jean-Yves Verdu
Myriam Viallefont

Réalisation de la collection Les années-mémoire
Éditions Dursus

ISBN 2-03-519115-7

1923

Table des matières

En haut : Alexandre Millerand assiste à Sétif à un défilé de cavaliers algériens.
En bas : arrivant de Corse, le Président débarque le 7 mai à Marseille.

L'an d'avant

L'Exposition Coloniale de Marseille a présenté à grand frais cette maquette grandeur nature du temple d'Angkor.

Deux ans après le traité de Versailles, le prix du sang, des ruines et des larmes reste toujours impayé. Et l'année 22 s'ouvre sur ce douloureux et épineux dossier.
L'Allemagne trouve prétextes et arguments pour reporter aux calendes grecques l'échéance de ses dettes de guerre. Ses créanciers principaux, la France et l'Angleterre sont d'avis partagés. Réunis à Cannes le 6 janvier pour débattre du problème, Lloyd George, premier ministre britannique, réussit à émousser la détermination de notre président du Conseil Aristide Briand et le convainc d'accorder un nouveau moratoire aux Allemands. La conférence de Cannes, commencée sous le soleil, agrémentée d'une mémorable partie de golf, se termine brutalement par la démission d'Aristide Briand, accusé d'« être à la traîne des Anglais ».
Lui succède Raymond Poincaré, résolu à en finir une fois pour toutes avec ce contentieux et les atermoiements allemands. Nouveau rendez-vous est pris en avril, à Gênes, où sont conviés les représentants de vingt-huit pays, dont la Russie soviétique.

Mais janvier 22 ouvre également le programme des festivités pour le tricentenaire de la naissance de Molière. Devant les artistes de quarante-quatre nationalités différentes, Lucien Guitry, dans son discours du 12 à l'Opéra, rappelle que Molière appartient à l'humanité toute entière. Autre événement œcuménique : la disparition à Rome de Benoît XV. Le nouveau s'appelle Pie XI, il est le 257e à coiffer la tiare pontificale. Moins catholique est la mort de Landru, guillotiné le 25 février, sans avoir avoué un seul de ses crimes.

Mais honorable et réjouissante est la nomination de Marie Curie à l'Académie de médecine le 7 février, un jour après que s'achève à Washington la conférence sur le désarmement. Heureuse initiative : la création le 15 février à La Haye (Pays-Bas), d'une Cour internationale de justice.

Malgré ces résolutions pacifistes, les ténors fascistes : Mussolini en Italie, Hitler en Allemagne, foulent au pied les lois, l'ordre et les gouvernements établis, en appellent à la révolution.

Outre-Manche, le partage de l'Irlande, ratifié par un traité le 8 janvier entre Dublin et Londres, n'a en rien apaisé les haines religieuses et ethniques. L'IRA, armée révolutionnaire irlandaise, entretient toujours la révolte contre « l'occupant » anglais. Danger persistant également en Méditerranée, où Turcs et Grecs continuent de se livrer une guerre meurtrière.

C'est dans cet environnement peu serein que s'inaugure, le 10 avril, sous le soleil de Gênes, la conférence internationale à caractère prétendûment économique. A l'ordre du jour : le problème des dettes allemandes, l'inflation galopante en Europe, l'élargissement des marchés par la libre circulation des biens et produits à travers les frontières. Mais très vite, les discussions dérapent sur un autre terrain. Le 16 avril éclate le scandale de Rapallo, ville proche de Gênes, où la Russie soviétique et l'Allemagne viennent de conclure un accord séparé. Les autres nations ont beau protester, Gênes est un échec et Raymond Poincaré rentre bredouille à Paris, après avoir dû accepter à contre-cœur un nouveau moratoire en faveur des Allemands.

La capitale qu'il retrouve est loin de partager ses préoccupations. Le fox-trot y fait fureur. Dancings, théâtres et boîtes de nuit s'en donnent à cœur joie. On veut oublier tout ce qui de près ou de loin rappelle les années détestées de la guerre.
Liberté, telle est la devise qui régit la mode, les mœurs et le quotidien de la vie. Côté vêtements, la femme s'habille ample et décontractée. Ses cheveux ont considérablement raccourci. Elle est coiffée à « la garçonne », l'héroïne scandaleuse du non moins scandaleux roman (qu'on s'arrache) de Victor Margueritte. Une chanson, *Tu verras Montmartre,* fait un tabac sur la scène des Folies-Bergère.

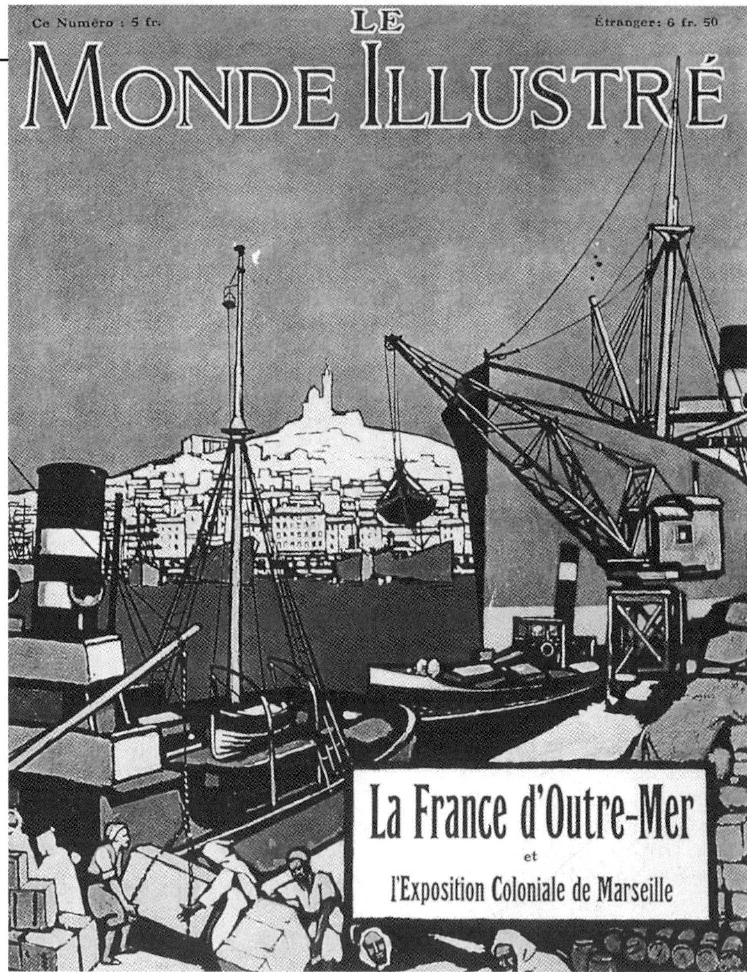

Couverture du Monde Illustré *pour l'Exposition Coloniale de Marseille. Le 26 mai au Havre, grève tragique des dockers : 3 morts, 17 blessés.*

Ci-contre : le 21 février, les drapeaux de la Gloire, de la bataille de Verdun, sont déposés aux Invalides par le maréchal Pétain.
Ci-dessous : la file d'attente devant l'Opéra lors de la représentation gratuite du 14 juillet.
En bas : même les enfants participent au Salon du Goût Français où sont présentés les artisanats régionaux.

Après le spectacle, le « Tout Paris » se précipite au Bœuf sur le toit, le nouveau cabaret lancé par Jean Cocteau qui s'y produit à la batterie, accompagné de Jean Wiener au piano. Et, pour parfaire l'atmosphère très « New-Orleans » de l'endroit, un noir américain embouché sur un étincelant saxophone improvise rythmes et musique de jazz.

Les Dadas font toujours parler d'eux, mais une querelle entre Breton et Tzara amorce la fin du mouvement antitout, que ce soit dans le domaine des lettres ou celui des arts.
La littérature vole de succès en succès. Elle confirme des talents, en découvre de nouveaux, au rang desquels un certain Mauriac, dont le premier grand roman : *Le Baiser aux lépreux* révèle les turpitudes insoupçonnées des milieux bien pensants bordelais.
Les « ismes » continuent d'influencer nos peintres. Dernier en date, le cubisme et son maître suprême Pablo Picasso voit naître et grandir le courant des abstraits, tandis qu'à Berlin, pinceaux et palettes suivent au trait et à la lettre les dogmes rigoureux imposés par le Bauhaus de Weimar.

Mais on se passionne aussi pour les sports, les expéditions et les folles équipées. Si le rugby, la boxe, le vélo ont leurs dieux adulés et vénérés, la montagne possède son héros de bravoure. Fort de l'expérience acquise l'année précédente, Mallory affronte de nouveau l'Everest. Il se hissera le 20 mai à 8 170 mètres. Le 7 juin, une deuxième cordée atteindra 8 320 mètres, mais avec le secours de l'oxygène. Une troisième tentative se terminera tragiquement : sept Sherpas y trouveront la mort, mais l'Everest est loin et le drame sera vite oublié.

D'autres événements ont déjà pris le relais : l'assassinat en juin du ministre allemand des Affaires étrangères Walter Rathenau et le 22 août, celui du chef de gouvernement provisoire irlandais, Michael Collins. Six jours plus tard, la guerre civile éclate de nouveau en Irlande.
Des foyers s'allument, d'autres s'éteignent. Le 9 septembre prend fin le conflit gréco-turc, qui se traduit pour la Grèce vaincue par l'abdication de son roi Constantin Ier et la perte historique de l'Asie mineure.

Après six mois et trois saisons écoulées passées à rire, sortir et visiter, notamment l'Exposition Coloniale au Grand-Palais, les parisiens avides de frivolités découvrent un automne bien maussade. Le 30 octobre, Mussolini prend le pouvoir au débotté, après une marche conquérante sur Rome avec vingt-huit mille militants fascistes, les terribles « Chemises noires ». Et même si la découverte du tombeau de Toutankhamon par l'égyptologue britannique Howard Carter rappelle que le temps présent est broutille en regard de l'éternité, l'histoire du moment invite à se montrer vigilant. Aussi cherche-t-on dans l'actualité les nouvelles roses et réconfortantes. Le spectacle, les arts et lettres en donnent quotidiennement, les sciences également : prix Goncourt à Henri Béraud pour son *Martyre de l'Obèse* et surtout prix Nobel de Physique attribué le 10 décembre à Albert Einstein pour sa théorie révolutionnaire sur la relativité. Quelques échos seulement pour la mort de Marcel Proust, décédé à cinquante et un an le 18 novembre dernier. Pendant que Raymond Poincaré, en guise de vœux, adresse des menaces à l'Etat allemand, le 30 décembre, Moscou célèbre la création de l'U.R.S.S. Mais le lendemain soir, Paris fera la fête, enterrant l'année et tous ses soucis.

En haut : une des vedettes du Salon, la Citröen B2 10 HP à suspension par double cantilever.
Ci-dessus : Langevin et Einstein lors de la première conférence de ce dernier au Collège de France.
Ci-contre : les nouvelles canalisations de la Compagnie des Eaux font 6 mètres de diamètre.

En cet an là, la France

Années 20, Années folles. Mais le sont-elles vraiment ? Déjà, avec un an de recul, le scandale de « La Garçonne » fait déjà moins scandale. Si une certaine atmosphère de relâche s'est instaurée depuis la fin de la guerre, c'est surtout Paris qu'elle enveloppe, et pas dans sa totalité. Si la France adopte de vivre officiellement l'heure d'été, les campagnes continuent, elles, de vivre à l'heure de la campagne. On ne se libère pas du jour au lendemain des « vingt siècles de peuple et des vingt siècles de rois » qui ont tissé la trame de l'histoire. Et quand l'automobile, l'avion, la T.S.F., le jazz et le cinéma s'évertuent à donner à la France une certaine modernité, celle-ci opére comme à contre-courant des habitudes qui l'enracinent à son passé .

Grand bal à l'Elysée. Les demoiselles de la Légion d'Honneur ont mis leurs robes de fête, Saint Cyr et Polytechnique la tenue de gala.

Fête au palais
Le beau temps de l'été favorise les fêtes et mondanités de plein air. Le président de la République M. Millerand et son épouse, montrent l'exemple en recevant dans le parc du palais de l'Elysée. Les festivités vont ainsi se succéder pendant la belle saison, comme celle-ci, le 1er juillet, sous les ombrages et au bord de la calme fraîcheur d'une pièce d'eau. Pour quelques heures, la politique cède le terrain à de plus agréables confrontations.

Conseil au château
Venus en train de Paris, les ministres, après avoir été accueillis à la gare de Rambouillet par le préfet de Seine-et-Oise, sont allés directement au château où se tenait exceptionnellement, en ce jeudi matin du 2 août, leur conseil hebdomadaire. A l'issue de la délibération terminée à midi trente, M. Millerand, pose avec les membres du gouvernement, et se montre particulièrement souriant et détendu.

Bon voyage !
Le Train Bleu, évocateur de plages et de soleil, inaugure, le 1er juillet, un nouveau trajet. Après Paris-Nice, voici Paris-Deauville, que l'on pourra rallier, dans le confort de prestigieux wagons, en moins de trois heures et sans arrêt.
Terrains de golf, courts de tennis, piscines chauffées, où les élégantes ne vont guère, préférant au goût salé de la mer, le piment d'un regard masculin. Casino, boîtes de nuit et rivage sans fin – tout ici invite à la détente dans le décor de ce village de luxe où la prévision du « temps qu'il fera demain » reste certes une des préoccupations essentielles.

Paraphrasant Napoléon, ils pourront dire : « j'y étais ». Ceux de nos soldats qui ont occupé la Rhur se voient attribuer ce certificat.

La ballade du soldat
Ici on occupe. Ailleurs on se bat. Au Maroc notamment, où d'irréductibles opposants empêchent, depuis décembre 1922, le grand projet français destiné à relier le Maroc à l'Algérie par le seuil de Taza. Malgré un plan minutieusement préparé et exécuté par le maréchal Lyautey, des dissidents marocains résistent dans cette place forte montagneuse où Taza est nichée. Il faudra attendre fin août, pour qu'enfin nos troupes l'emportent, après un lourd tribut payé à la victoire. Exemple, ce grand blessé (à droite), passant d'une ambulance à chenilles dans l'avion sanitaire qui va le transporter à Fez.

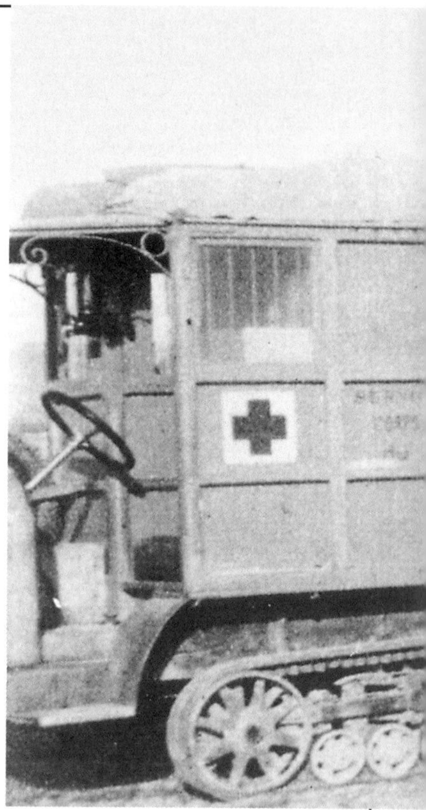

Droit de vote
Au « pays des lumières et de la liberté », la femme française n'a toujours pas droit au vote. Le 26 janvier, la propagande féministe, déverse ses suffrajettes (très élégantes) dans les rues de Paris. Tracts et sourires de revendication, sont distribués aux passants des deux sexes (à gauche). Preuve que les femmes ne sont pas rancunières.

Pour un Maroc « utile »
La pacification passe par la réduction du secteur montagneux baptisé « tache de Taza », au sud-est de Fez dans le Moyen-Atlas. 20 000 hommes du général Poeymirau sont engagés dans les rudes combats qui les opposent aux tribus insoumises. Ici, dans la base d'Enjil, s'entassent les sacs d'orge qui vont être transportés à dos de chameaux pour le ravitaillement des soldats.

Femmes et voitures à toutes épreuves
La femme se libère de plus en plus, cela devient presque un lieu commun de le dire. Elle aime le sport et s'y impose avec maîtrise et sourire. Le tir à l'arc se pratique à tout âge. Fillettes et adolescentes y excellent, émules de Diane et des amazones de la mythologie.
Mais l'automobile compte aussi ses championnes. Dans la course Paris-Nice, c'est du reste une femme, madame Violette Moriss, qui a remporté la victoire au volant d'une Benjamin.

Au quatre coins de l'hexagone, le sport automobile – banc d'essai par excellence –, met les voitures à l'épreuve. A Tours, à Boulogne-sur-Mer, au Mans pour la première fois sur le circuit de la Sarthe, à Strasbourg pour le Grand Prix de l'A.C.F. et jusqu'à travers le Sahara dans le duel Citröen-Renault, la compétition suscite l'enthousiasme et la curiosité des foules, comme ici au passage des concurrents du Paris-Nice à Avallon au cœur du Morvan.

Croix de bois
Levain de la France, les écoliers participent aux cérémonies rattachées à l'histoire de notre pays. Ci-contre, ce sont les élèves des écoles de Vieille Chapelle, petit village du Pas-de-Calais, qui s'inclinent, le 25 mai, devant les tombes des héros tombés pendant la guerre.

Sainte Croix
Commencé le mercredi 4 juillet, le quatrième congrès eucharistique français organise pendant trois jours, processions et messes dans les églises de la capitale. En présence des cardinaux Luçon, Dubois et Maurin, soixante prélats ont suivi l'office de clôture du congrès à Notre-Dame, sur le parvis de laquelle, se sont rassemblés les fidèles.

Sciences et progrès
Le Grand Palais présente cinquante ans d'histoire de la science et de ses découvertes. Inaugurée le vendredi 30 novembre en présence de M. Le Trocquer, ministre des Travaux publics, l'exposition de physique et de T.S.F., organisée par la Société française de Physique (à gauche), désireuse de montrer les progrès gigantesques réalisés depuis cinquante ans.
La rétrospective de l'éclairage au gaz, la présentation du futur phare de Faramans et son jeu de lentilles géantes, la sophistication des techniques de transmission dont sont dotées l'Armée et la Tour Eiffel, sont quelques-unes des passionnantes curiosités soumises à l'intérêt du public.
Deux absents à cette manifestation : le physicien allemand Wilhelm Röntgen, père des rayons X et Gustave Eiffel, morts tous deux cette année.

Expos tous azimuts
Salons des Arts, des Sciences, exposition canadienne (ci-contre), les parisiens n'ont que l'embarras du choix et du temps. Mais quand on se veut paraître et être au courant, il faut y aller, mondanité oblige, quitte à parcourir les galeries et stands au pas de charge. Une boulimie qui fait la joie de Lucien Métivet dans *l'Excelsior*.

Visages de la France
Paris n'est pas la France, tout au plus son faire-valoir, sa figure de proue, son vivier du savoir et de la création. Ce qui n'est déjà pas si mal, en dehors du fait non négligeable, qu'elle est aussi la capitale.
Mais sans la province, Paris serait une tête sans tronc, la France un pays sans âme et sans visage. Nos régions si diversifiées entretiennent les traditions, vivent au rythme des saisons, en communion avec la mer, la montagne, la plaine.
Quoi de plus émouvant que ces pèlerins basques, qui, fidèlement chaque année, entreprennent une procession, un véritable chemin de croix à Roncevaux (ci-dessus), où plane encore le fantôme du preux chevalier Roland.
Et ce petit ramoneur (à droite), que l'on dirait tout droit sorti d'un roman de Balzac ou de Zola. Et ce pêcheur, n'est-il pas le digne héritier des marins et capitaines au long cours glorifiés par Victor Hugo.

La vie au pays

La première leçon de géographie, c'est apprendre par cœur les noms des provinces et des départements, des rivières et des chefs-lieux. Il est vrai que chaque pays de France possède son imagerie, directement liée à ces petits métiers ancrés dans la tradition, base même de l'économie régionale.

Aujourd'hui comme hier, la gaveuse d'oie, appartient au patrimoine ancestral des provinces du sud-ouest et de l'Alsace. Et si la lessive a ses coutumes particulières selon les régions, c'est seulement dans les pays de montagne que l'on rencontre les porteurs de glace comme ici sur les sentiers de montagne des Hautes-Pyrénées.

Alors, à tous ces humbles travailleurs, dédions cet extrait du *Chant des ouvriers* de Pierre Dupont qui, publié en 1816 et mis en musique en 1851, conserve pourtant un parfum d'actualité :

Quel fruit tirons-nous des labeurs
Qui courbent nos maigres échines ?
Où vont les flots de nos sueurs ?
Nous ne sommes que des machines.
Nos Babels montent jusqu'au ciel ;
La terre nous doit ses merveilles :
Dès qu'elles ont fini le miel,
Le maître chasse les abeilles.

Aimons-nous, et quand nous pouvons
Nous unir pour boire à la ronde,
Que le canon se taise ou gronde,
Buvons (ter)
A l'indépendance du monde !

A la terrasse du Dôme
Misérable bistrot de chiffonniers au carrefour des boulevards Montparnasse et Raspail, le Dôme fut bientôt colonisé par les Scandinaves et les Allemands, puis, ceux-ci chassés par la guerre, par les ouvriers de l'usine Ruhmkorff-Charpentier qui travaillait (rue Delambre) pour la Défense nationale. La paix revenue, il va devenir, avec La Rotonde et le Jockey, un des hauts lieux du Montparnasse des Années folles. Écrivains, peintres, modèles, riches bohêmes américains ou naufragés de la bohême pauvre y animent la vie nocturne. Naguère, Modigliani venait le soir y dessiner une vingtaine de portraits, pour survivre et pour un franc pièce. Il n'en coûte pas plus pour passer de longues heures devant un café crème, à la « terrasse chauffée » d'où le spectacle est permanent.

A l'aube, la vie, qui se couche à Montparnasse, se lève aux Halles où les derniers noctambules valides croisent les premiers diables ravitailleurs du ventre de Paris. Quant au « père Joffre », agent modèle, il attend pour intervenir que tout rentre dans l'ordre.

Le monde de l'argent
Déjà sensible à la moindre rumeur, au plus petit frémissement économique ou politique, la bourse de Paris a des raisons valables de s'agiter en 1923. L'inflation qui sévit en Europe, l'occupation de la Ruhr par nos troupes ne rend pas sereine l'atmosphère au palais Brongniart (du nom de l'architecte français qui en fut l'auteur).

L'autre monde
A mille lieux des spéculations boursières, si différents de ces grands messieurs en jaquettes et hauts-de-formes qui brassent des millions, qu'on les croirait venus d'une autre planète, voici les pauvres, les « petits », ces ouvriers et leurs enfants, auxquels, de temps à autre, les patrons et le gouvernement accordent une carotte, présentée comme une révolution sociale, un événement sans précédent.
Ainsi, la Une des quotidiens se fait-elle l'écho du magnifique effort de la ville de Paris, en faveur des mal logés. Le 15 février, cent quarante-cinq familles ont emménagé (ci-dessous), dans « les locaux clairs et salubres », des nouveaux immeubles édifiés à leur intention au 154, rue de la République à Puteaux.

Une année d'Histoire de France

Les journalistes – qui peuvent s'honorer du fait que le mot « journalisme » rentre en 1923 au dictionnaire de l'Académie – ont fort à faire cette année. L'échec des négociations sur les réparations débouche sur l'occupation de la Ruhr par les troupes franco-belges. La tension dure toute l'année, et provoque de fâcheux incidents. Hitler veille. Tension encore lorsque Millerand refuse la démission du ministère Poincaré, lorsque les Camelots du roi saccagent les locaux de *L'Œuvre* et de *L'Ere nouvelle* et s'attaquent à des députés. On se console en célébrant le centenaire de Renan, on fête la béatification de Sœur Thérèse de l'Enfant-Jésus. On rêve vacances avec le premier voyage du Train Bleu. Le midi est en fête avec l'avènement de Louis II à la principauté de Monaco. La mort de Steinlen, Loti, Eiffel, Radiguet, Barrès, Sarah Bernhardt endeuille le monde de la culture cependant que celui des sports voit la victoire, pour la cinquième fois de suite, de Suzanne Lenglen à Wimbledon, le vingtième anniversaire du Tour de France remporté par Henri Pélissier devant l'Italien Bottecchia et la première édition des vingt-quatre heures du Mans.

Janvier

Vœux traditionnels à l'Elysée, rentrée parlementaire calme, galas de bienfaisance, cérémonies commémoratives, tout cela fait partie des fêtes de Nouvel An. Mais les troupes franco-belges sont contraintes d'occuper la Ruhr devant le retard des livraisons de charbon allemand.

Un tout jeune roi
Pour la fête des rois, plusieurs œuvres de charité organisent un gala au Cirque de Paris. Cécile Sorel (que l'on voit ici venant de couronner l'enfant qui a tiré la fève), Marguerite Deval, Lise Berty, Eugénie Buffet et Max Dearly participent à la fête.

Sinistre K.K.K.
Sont-ils cinq cent mille ou un million ? Sous la conduite de l'« Impérial Wisard, souverain de l'Invisible Empire », l'ex-pasteur méthodiste William Joseph Simmons, rénovateur du Ku-Klux-Klan, et du « Grand Cyclope », l'organisation prône l'ultra-nationalisme, la haine du noir, du juif, du catholique, de l'étranger, et terrifie les populations. Deux hommes sont morts sous la torture en Louisiane, l'année précédente, et la cathédrale de Québec a été incendiée. Des cérémonies masquées devant la bannière étoilée, la croix flamboyante et la Bible, font partie du rituel. C'est aussi une affaire lucrative, qui draîne des millions de dollars. Il va falloir sévir, mais la disparité des lois des différents états de l'Union freine l'action des pouvoirs publics...

En haut : les membres du corps diplomatique, avocats et professeurs au sortir de la cérémonie des vœux du 1er janvier à l'Elysée.

« Passeport » pour l'Amérique
Temps magnifique et température clémente favorisent le public de Vincennes, ce 28 janvier, pour le Grand Prix d'Amérique : international de trot attelé, couru sur 2 500 mètres et doté de 75 000 francs. Au premier passage, *Ouistiti,* à M. Chéron, *Ravageur,* à M. Dupuis et *Ogotaï Khan,* à M. Masson, sont en tête, mais ils ne pourront soutenir leur effort contre la montée foudroyante, en dépit d'un mauvais départ, de *Passeport,* à M. Bulot, qui remporte l'épreuve avec plusieurs longueurs d'avance, devant *Ouistiti* et *Roi Albert.*

La rentrée parlementaire
Le 9 a lieu la rentrée parlementaire. M. Andrieux, doyen de la Chambre, prononce un discours où il évoque ceux qui, disparus, furent ses collègues : Thiers, Jules Grévy, Sadi-Carnot, Louis Blanc, Raspail, Gambetta, Jules Ferry, avant de faire un vibrant éloge de Clemenceau et de se prononcer en faveur du vote des femmes : *« Le suffrage n'est pas universel lorsque la meilleure partie du genre humain en est exclue ! ».* On procède ensuite à l'élection du président de la Chambre. Raoul Péret (ci-contre) est réélu au « perchoir » par 378 voix.

Vacances au bord de la mer
Sacha Guitry, son épouse Yvonne Printemps et Bibi – Madame J.H. Lartigue –, se retrouvent en villégiature à Cap d'Ail. Pelisse et manteaux de fourrures semblent montrer que la douceur méditerranéenne n'est pas au rendez-vous...

Photo souvenir
Un peu partout en France, les anciens combattants – ceux-ci ont au moins vu la guerre de 1870 ! –, se réunissent pour le nouvel an.

Et aussi le...
4 – Scandale de La Garçonne. *Victor Margueritte est radié de la Légion d'honneur.*
1-6 – Rivières et fleuves sont en crues.
3 – Visite du roi Albert 1er de Belgique au président de la République.
4 – Sarah Bernhardt, frappée d'une syncope, ne peut assurer son rôle dans la nouvelle pièce de Sacha Guitry, Un sujet de roman.
9 – Mort de l'écrivain Katherine Mansfield à Fontainebleau.
15 – Ouverture de l'exposition Les Trois Frères Le Nain *à la galerie Sambon.*
16 – Au théâtre du Gymnase, triomphe de Les Vignes du Seigneur *de Robert de Flers et Francis de Croisset.*
22 – Prix Nobel de physique 1922 décerné à Nils Bohr.
27 – La cuisinière de Landru est adjugée 4 200 F.

Février

Des bruits inquiétants parviennent de Russie où Trotsky appelle à la guerre, cependant qu'en France meurt Delcassé dont le nom reste attaché à l'Entente cordiale. Surprise : Pearl White, artiste célèbre, entre provisoirement au couvent, le tennisman Cochet garde sa couronne de champion, et la France honore le Dr Vaillant, héros et martyr de la radiographie.

Cochet encore champion
Vainqueur de l'anglais Gilbert, par 6/4, 7/5 et 6/4, dans la finale des championnats du monde de tennis à Barcelone, le 13, Henri Cochet conserve son titre de champion du monde. La coupe lui a été remise par l'infant Ferdinand, représentant le roi d'Espagne.

Pearl White au couvent
Au cours d'une conférence de presse – qu'elle a tenue le 5 dans un cinéma où passe un de ses films – l'actrice âgée de 34 ans et convertie il y a quelques années au catholicisme, a annoncé qu'elle se retirait provisoirement dans un couvent : « Je veux soigner mon âme ».

Goyau sous la coupole
Georges Goyau, le nouvel académicien qui succède à Denys Cochin, est reçu le 15 à l'Académie Française. Le nonce du pape et un grand nombre d'ecclésiastiques assistent à la réception du grand historien du catholicisme social.

Mort de Delcassé
Théophile Delcassé est mort le 22, à 70 ans. Le grand homme d'Etat avait été treize fois ministre : deux fois des Colonies, trois fois de la Marine, une fois de la Guerre et sept fois des Affaires étrangères. A ce dernier poste, qu'il conserva sept ans sans interruption de 1898 à 1905, il fut le bâtisseur de la triple Entente.

Une cuirasse pour les agents
Les policiers pourront désormais être à l'abri des balles. Sur l'initiative de M. Naudin, préfet de police, M. Ducrocq, directeur de la Police judiciaire, vient de munir les inspecteurs de cuirasses protectrices légères, s'adaptant au corps et n'entravant pas les mouvements.

Bal « transmental » à Bullier
Inséparable de la petite histoire parisienne du XIXe siècle, avec sa façade en céramique polychrome, le bal Bullier – « Bullepatte » pour les intimes – redevient d'actualité, le 23 : le temps du grand bal travesti et « transmental » donné au profit de la caisse de secours des artistes russes. Décors de Sonia Delaunay, affiche de Larionov.

L'accident du Paris-Strasbourg
Le 20, à Port-en-Binson, entre Chateau Thierry et Epernay, le rapide de Strasbourg percute, à 90 km/h, un train de marchandises qui manœuvrait. Un wagon de 3e classe est complètement écrasé. Bilan de la catastrophe : 13 morts, 36 blessés.

Trotsky va-t-en guerre
Au conseil des Commissaires du peuple réuni à Moscou, à propos de l'occupation de la Ruhr, Trotsky affirme que la guerre est devenue une nécessité pour la Russie, et que l'Armée Rouge doit pénétrer en Allemagne pour permettre la révolution universelle.

Un martyr de la science
Le docteur Vaillant, radiographe des hôpitaux, treize fois amputé, reçoit le 19, à l'Hôtel de Ville, la cravate de Commandeur de la Légion d'honneur des mains du général Dubail. Le docteur Vaillant, privé de ses mains, a signé le livre d'or avec un appareil donné par un amputé de guerre.

Et aussi le...
1 – A Bagnères de Luchon, 12e concours international de ski du Club alpin français.
9 – Vernissage du Salon des Indépendants : Max Ernst, Dufy, Pissaro, Survage, Suzanne Valadon, Lipschitz.
10 – Le dessinateur satirique J.-L. Forain est élu à l'Académie des beaux-arts.
15 – Première de L'Amour Masqué, *comédie musicale de Sacha Guitry.*
19 – Mort de l'historien Frédéric Masson, membre de l'Académie Française.
Nuit 23-24 – Première transmission transatlantique T.S.F. d'un concert (la station Bamberger, près de New York, reçue en France).
28 – A la Sorbonne, cérémonies du centenaire de la naissance d'Ernest Renan (voir pages 72-73).

Reine sans royaume
Dans la nuit du 15 au 16 s'éteint au Cap d'Antibes, à l'âge de soixante-seize ans, l'ex-reine Miléna de Monténégro. Elle était la mère de douze enfants, dont la reine d'Italie, épouse de Victor Emmanuel III.

Mort d'un héros
Le 28, le général Maunoury meurt dans le train, d'une crise cardiaque. Vainqueur de la bataille de l'Ourcq en 1914, il est fait maréchal de France à titre posthume, le 30 (portrait par Calderé).

Mars

Les giboulées – qui se transforment en pluies torrentielles et provoquent des inondations dans la région de la Loire – sont le contrepoint des deuils, grèves, accidents, tentatives de record avortées. A ceux qu'attriste cette morosité, la vogue montante des concerts radiophoniques apporte quelque réconfort.

Bras de fer dans l'acier
L'Alsace et la Lorraine sont libérées, mais pas des problèmes sociaux. Le syndicat des métaux appelle tous les métallurgistes à se solidariser avec le personnel du groupe Lorraine-Dietrich, et à le soutenir dans sa grève : la direction brandit la menace du *lock-out.*

Mélomanie sans fil
Les salons de la Société française radioélectrique ne sont pas de ceux où l'on cause, mais de ceux où l'on écoute, ici sur récepteur Radiola, l'une des trois plus importantes stations de Paris. La Tour Eiffel émet sur 2 600 mètres, Radiola sur 1 780. Les P.T.T. ont choisi les ondes courtes. Le 15, les Parisiens pourront entendre un récital donné par Marcel Dupré... à Philadelphie !

Le baron à l'Elysée
Le 15, le baron de Koranyi (au centre), nouveau ministre plénipotentiaire de Hongrie, présente à Alexandre Millerand ses lettres de créances. Le personnage de droite, dont l'uniforme a aussi fière allure, est M. de Hevisy, chargé d'affaires. Causant avec le nouveau ministre, M. de Vegh, secrétaire. Au second plan, le baron Lang, conseiller, et derrière lui M. de Baroczy, conseiller. La photo est prise à la légation de Hongrie, avant le départ pour le palais présidentiel.

Il fait mentir son nom...
... l'adjudant Moutonnier, qui tente, le 17, de battre le record du monde d'altitude, détenu par Mac Ready avec 10 518 mètres. Parti du Bourget, il s'élève en vingt-huit minutes à 9 500 mètres, mais doit alors atterrir, n'ayant plus d'eau dans ses radiateurs. Une belle tentative, mais c'est à Sadi Lecointe que reviendra cette année le record (voir page 165).

Madagascar et le progrès
En vingt-huit ans, la France a développé à Madagascar les moyens de communication : routes, canaux, rail – comme ici le viaduc au km 42 de la ligne Tananarive-Antairabe. Résultat : le commerce total de l'île qui n'était que de 22 millions de francs en 1897 dépasse maintenant les 300 millions.

Un chantier dangereux
Le tunnel des Batignolles n'en aura jamais fini de provoquer des accidents ! De train d'abord. Et maintenant, à titre « posthume » de voiture. Car sa démolition a nécessité la creusée de véritables tranchées. Le 22 décembre 1922, rue de Rome, le 1er janvier 1923, rue des Dames, et le 2 mars, rue Boursault ; trois voitures sont tombées dans l'un de ces pièges. « Chauffeurs, se méfier ! » titrent les journaux.

Et aussi le...
1-11 – La pluie persistante provoque d'importantes crues entraînant de graves inondations (voir page 118).
11 – Cérémonie du centenaire d'Ernest Renan au Trocadéro (voir pages 72-73).
14 – Enorme succès de Monsieur Le Trouhadec saisi par la débauche, *de Jules Romain, à la Comédie des Champs-Elysées, interprété par Louis Jouvet, Favières, Carpentier, Djern-Dax et René Ray.*
– Cérémonies du centenaire du poète Théodore de Banville.
15 – Mariage du prince Achille Murat avec Mlle de Chasseloup-Laubat.
– Le mot « interview » entre dans le dictionnaire de l'Académie Française.
20-12 avril : concours hippique au Grand Palais.
26 – Mort de Sarah Bernhardt (voir pages 96 à 99).

Avril

Paris bourgeonne, la France se désengourdit de l'hiver. A Monaco, nos championnes évoluent en jupettes légères ; sur la Seine débutent les premières croisières en musique ; au Havre débarquent les petites *« Good Will »* d'Amérique, ambassadrices de charme et de bonne volonté... Avril est décidément serein en ce printemps de paix.

Match sanglant
Ce dimanche 29 est à marquer d'une pierre blanche dans les annales du sport anglais. Au terme de la finale de la coupe d'Angleterre de football où l'équipe du Lancashire l'a emporté par deux buts à zéro sur celle de Londres, 200 000 supporters en délire ont quitté leurs tribunes. Malgré l'intervention de la police montée, plus d'un millier de blessés gisaient sur la pelouse ensanglantée du nouveau stade de Wembley dans la banlieue de Londres.

Les petites *« Good Will »*
Celles que les Français appellent affectueusement les petites *« Good Will »* d'Amérique posent tout sourire sous leurs chapeaux cloches à leur arrivée ce 27 avril à la gare Saint-Lazare.
« Good Will », signifiant bonne volonté, est une association américaine qui collecte des fonds pour venir en aide aux régions françaises dévastées par la guerre.

La tête et les jambes
Pendant cinq jours, du 3 au 7, se sont déroulés à Monaco les jeux féminins consacrés aux sports athlétiques internationaux.
Sous un soleil impitoyable, de jeunes beautés françaises, anglaises, belges, italiennes, suisses et tchécoslovaques, se sont affrontées dans des compétitions où la grâce n'était pas absente de l'effort.
Cocorico ! Si la France ne s'est pas distinguée aux barres parallèles (à droite), en revanche, notre compatriote Mlle Neveu, a triomphé dans l'épreuve du 800 m en réalisant un temps record de 2 min 25 s 6/10.

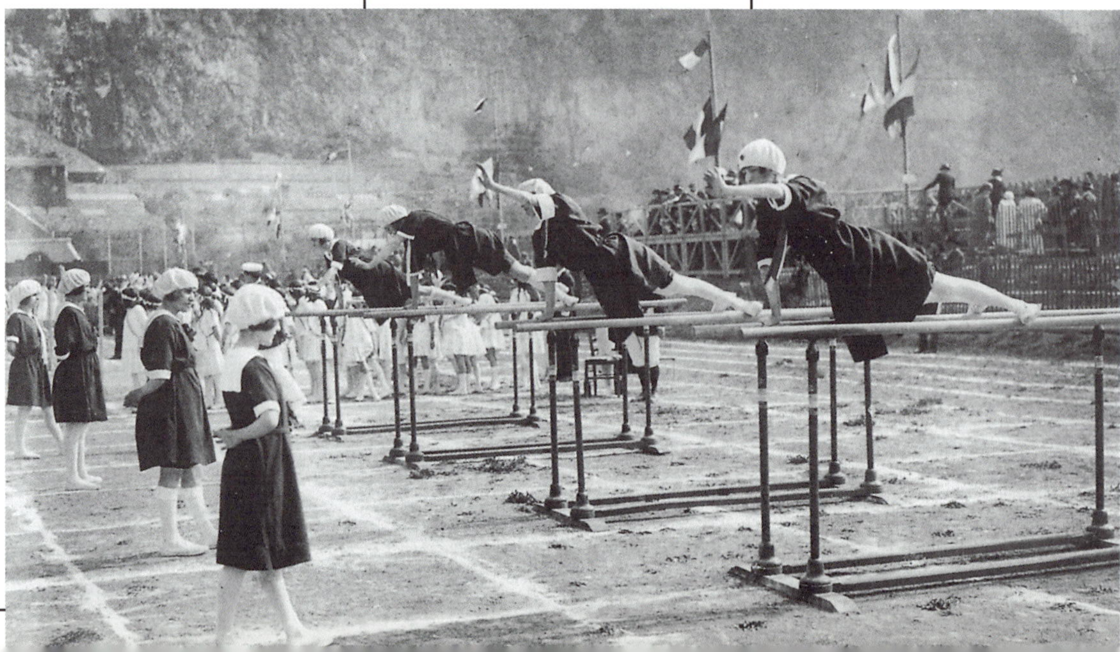

Fauteuil vacant
Académicien et prélat, Monseigneur Baudrillart sort de la coupole, son devoir d'électeur accompli. Deux nouveaux Immortels : l'abbé Brémond et M. Jonnart ont été facilement élus. Reste à pourvoir un fauteuil encore vacant pour lequel, après six tours de scrutin, l'illustre assemblée n'a pu se prononcer. Affaire à suivre.

Concerts flottants
Innovation heureuse, voici le premier bateau-mouche inaugurant sur la Seine la croisière en musique. Doté d'une installation de T.S.F., le *Bateau parisien 45,* tel est son nom, diffuse grâce à quatre hauts parleurs des radio-concerts au grand ravissement de ce passager.

Un ministre au charbon
Tournée d'inspection dans le bassin de la Ruhr pour trois ministres français : Messieurs Le Trocquer chargé des Travaux publics, de Lasteyrie responsable des Finances et Maginot, ministre de la Guerre, que l'on voit ici, melon sur la tête et canne en avant, en train de visiter une mine de charbon appelée Prosper. Un nom de bon augure pour désigner un filon.

Et aussi le...
1 – Ouverture du meeting aéronautique de Nice.
4 – L'aviateur Barbot relie Francazal à Toulouse.
7 – Triomphe de Ciboulette, *opérette de R. de Flers et F. de Croisset sur une musique de Reynald Hahn au Théâtre des Variétés.*
8 – Oscar Egg et Van Kempen, vainqueurs des 6 jours cyclistes.
14 – A La Ferté-sous-Jouarre, trois déserteurs assomment le sous-lieutenant La Carrière pour le voler.
17 – Le Prix de la Renaissance est décerné à Paul Morand pour son roman Fermé la nuit.
22 – Football : la France et la Suisse font match nul au stade Pershing.

Mai

A part quelques grèves et accrochages de rues inévitables, Paris subit le choc du 1er mai sans grand dommage. La traditionnelle fête du travail fait en revanche de nombreuses victimes à Londres et à Madrid. Mais sous le soleil de cet été précoce, tout est prétexte à oublier ce qui est triste et grave dans les festivités. Commémorations diverses et manifestations de plein air, jalonnent le calendrier de ce mois placé sous le signe du muguet et de la convivialité.

Cité en herbe
Comme le blé germant de la terre, se dressera bientôt sur des bastions déserts longeant le parc Montsouris, une cité universitaire confortable et fleurie, dont la maquette apparaît ci-dessus. En ce mercredi 9 mai, la pose de la première pierre du futur ensemble, a été pour le ministre de l'Instruction publique, M. Léon Bérard, l'occasion de rendre hommage à l'artisan mécène de ce projet : le grand industriel M. Emile Deutsch de la Meurthe. Grâce à son legs de cent millions, 350 chambres meublées avec eau courante et chauffage central, des terrains de sport et de jeux, un bassin de natation, un jardin botanique..., offriront cadre et hébergement à loyer modeste aux étudiants.

Paris au 1er mai
Méconnaissables sont les rues de Paris en ce premier mai où se bousculent piétons et marchands de muguet, parmi les manifestants et la police à leur trousse.
Mais il fait si beau, le soleil est si ardent que flâner sous les ombrages ou le long des quais, fait oublier la grève des transports et ses inconvénients. Ici, ce sont des tramways immobilisés devant la bourse du travail en guise de protestation.
Là-bas, rue Grange-aux-Belles et rue Mathurin-Moreau, sièges des principaux meetings ouvriers, des municipaux et agents plutôt bonasses, attendent la sortie des manifestants toujours prétexte à échauffourées.

Mort du doyen
Ancien président du Conseil et académicien, dix fois ministre, celui que ses amis appelaient affectueusement « la petite souris blanche » en raison de sa menue taille, M. Charles de Freycinet, doyen des hommes d'État, est mort le 14 mai à l'âge de quatre-vingt-quinze ans.

« Allo ? J'écoute ! »
Alors que s'inaugure la foire annuelle de Paris, phare des innovations et des technologies avancées, la capitale française est fière de mettre enfin à la disposition de tous des cabines de téléphone public, dont voici le premier exemplaire.

« A vot' bon cœur ! »
Pour voir les filles des généraux de Noué et Degoutte et celle du gouverneur de Tanger en marchandes des quatre saisons, il fallait aller au marché du 42, boulevard Bessières où fruits et légumes se sont vendus au profit d'une œuvre de charité.

L'envol éphémère
Après un décollage vertical, le constructeur pilote Pescara a parcouru 57 mètres aux commandes de son hélicoptère. Record homologué ce 7 mai, lors du Prix des mille mètres organisé par l'Aéro-Club de France.

Orléans reconnaissante
Fastes et recueillement pour la célébration du 494e anniversaire de la libération d'Orléans par Jeanne d'Arc. Autour du cardinal Touchet, le maire M. Laville, son chapeau en mains, devant l'amiral Guépratte à la gauche duquel se tient le général Gouraud, devant l'hôtel de ville drapé de l'étendard de la « Pucelle ».

La sainte exode
Ils sont venus, ils sont tous là, qui à cheval, qui en roulottes. Des quatre coins d'Europe, c'est par milliers que les bohémiens ont fondu sur la Camargue en mai. Destination : la petite ville balnéaire des Saintes-Maries-de-la-Mer, leur lieu de pélerinage annuel. Celui-ci revêt un éclat tout particulier, car les châsses contenant les reliques des Saintes Marie Jacobi et Marie Salomé, non descellées depuis 1839, ont été ouvertes en présence de Mgr Rivière, archevêque d'Aix et Mgr Germain, archevêque de Toulouse, avant d'être exposées à l'adoration des pélerins.

Memorial Day
Le 30 mai, l'amitié franco-américaine connut son apothéose avec la célébration du Memorial Day ou jour du souvenir.
Souvenir aux combattants des deux pays morts au champ d'honneur. Au cours des nombreuses cérémonies, une salve fut tirée par le 31e d'Infanterie en présence du général Bourdelat, gouverneur militaire de Paris et de nombreux officiers américains résidant en France.

Qui est qui ?
Impossible de les distinguer. Ce sont les « Dolly Sisters », jumelles et artistes de music-hall américaines qui, pour leurs débuts à Paris, ont choisi de se produire à partir du 23 mai dans la revue du théâtre des Ambassadeurs.

Le grand échiquier
Jamais fête du muguet ne fut aussi originale que celle de la ville de Compiègne en ce dimanche 20 mai. Hormis les flons-flons et autres défilés folkloriques inévitables dans ce genre de manifestations, c'est à une gigantesque partie d'échecs avec des pions vivants, que la municipalité a convié ses concitoyens. Imaginez ou plutôt regardez la photo : avec ses 40 mètres de côté, ses cases de 5 mètres, voici le damier le plus spectaculaire qui ait été dessiné sur une pelouse. Autre émerveillement : les 175 figurants en costumes du XVe siècle figurant les trente-deux pièces du jeu. En vérité , la partie se jouait dans une tribune, opposant deux champions d'échecs : messieurs Pape et Muffang, dont chaque coup était répercuté sur la pelouse.

Et aussi le...
2-7-13 – Succès triomphal des récitals du pianiste polonais Arthur Rubinstein au théâtre des Champs-Élysées.
7 – A Issy-les-Moulineaux, l'hélicoptère de Pescara bat le record de distance : 57 mètres.
11 – Millerand accompagné de la reine Elisabeth de Belgique inaugure l'expositon de l'Art belge ancien et moderne au musée du Jeu de Paume à Paris.
13 – A Colombes, le Stade Toulousain reste champion de France de rugby en battant l'Aviron Bayonnais par 3 à 0.
27 – A Saint-Cloud, Suzanne Lenglen remporte les internationaux de France en simple.
27-28 – Gala d'Isadora Duncan au Trocadéro.

Juin

Le monde des Lettres est en deuil : Pierre Loti meurt le 10 dans sa maison d'Hendaye. Celui de l'aviation aussi, car Jean Casale, célèbre pilote de guerre et recordman d'altitude se tue le 23 à Daméraucourt (Oise). Pour le reste, les célébrations retiennent l'attention du public autant que les exploits dont le moindre n'est certes pas celui de Mlle Marthe Condat qui devient première femme agrégée de médecine.

La baguette et le pendule
Jadis les druides tenaient leur réunion annuelle dans la forêt des Carnutes. Et maintenant, comme on le voit, il n'y a pas que des laïcs qui se soient réunis pour ce congrès de radiesthésie.

Chemises rouges à l'honneur
Le colonel Ricciotti Garibaldi, fils du grand artisan de l'unité italienne, accueille pour l'anniversaire de la mort de son père, une délégation italienne sur la tombe du Soldat inconnu. Le colonel avait en 1914 formé une « légion » au service de la France et participé à la bataille de l'Argonne. Ensuite, déjeuner de gala au Trocadéro, sous la présidence du maréchal Joffre, en tunique noire à brandebourgs et pantalon rouge, comme en 14, et du général Gouraud, qui a commandé la bataille. Les garibaldiens de Paris se voient décerner des diplômes d'honneur et le maréchal leur offre un drapeau.

Marathon parisien
En sport, peu importe la tenue, quand il ne s'agit pas de battre des records. Toutefois, les pavés de Paris, même refaits à neuf, auraient du inciter ces dames à la prudence : les talons hauts laissent présager quelques chevilles foulées. Reste à savoir ce qui les fait courir...

Out of Africa
Le capitaine Angus Buchanan est de retour à Paris. Il vient de traverser tout le Sahara du sud-ouest au nord, joignant l'Atlantique à la Méditerranée, à dos de chameau. On le voit ici en compagnie d'Ali et de Sakari, deux Soudanais préposés à la garde des objets qu'il a rapportés de son expédition, et de son cameraman Tag Glover.

Record d'endurance
Tous les moyens sont bons pour sillonner notre planète. Raids aériens, explorations polaires ont déjà mis l'aviation en vedette. A ce jeu, l'automobile ne veut pas être en reste. Témoin, Citroën et ses chenilles dans la traversée du Sahara, ou cet équipage mixte américain qui pose ici entre deux étapes d'un interminable tour du monde.

« **Messieurs, en garde !** »
Le 8, à Luna Park, Tainturier devient champion de France à l'épée en battant de Craeker, dans une poule pour laquelle douze concurrents s'étaient qualifiés.

Un ami de la France
Tomas Masaryk, premier président de la toute jeune République de Tchécoslovaquie, a tenu, malgré la mort toute récente de sa femme – d'origine française –, à recevoir le maréchal Foch, qui venait de Pologne. Réception enthousiaste à Prague, dont le maréchal devient citoyen d'honneur, et couronne

pour le soldat tchécoslovaque inconnu, non loin de la plaque commémorative de Verdun, sous laquelle on a pieusement enfermé un peu de terre du champ de bataille.

Et aussi le...
9 – Première de Liliom, *du Hongrois François Molnar, interprété par la Compagnie Pitoëff à la Comédie des Champs-Elysées.*
11-13 – Vente aux enchères des biens de Sarah Bernhardt (voir pages 96 à 99).
13 – Création des Noces, *de Stravinsky, par les Ballets Russes à la Gaîté Lyrique.*
15 – Le Prix des Peintres est décerné à Paul Valéry.
29 – Au château de Versailles, « Fête merveilleuse » devant le Tout-Paris.

Juillet

Ce mois-ci, Paris s'offre une fête monstre avec le Concours international de gymnastique, précédé d'épreuves pittoresques mais moins orthodoxes : nageurs habillés, rouleurs de tonneaux, et pionniers du vélocipède. Réceptions officielles et grands mariages vont bon train. Le Japonais le plus célèbre du monde, l'acteur Sessue Hayakawa, vient tourner en France. Cependant qu'en Belgique une cigogne de pierre se fige dans son vol, là où tomba Georges Guynemer.

Un vétéran au Grand Prix
Le 7, avait lieu, au vélodrome de Vincennes, la deuxième journée du Grand Prix cycliste de la ville de Paris, dont la recette était destinée aux pauvres de la capitale.
Ici, l'exhibition de Tersant sur cycle Humbert.

Blason doré
Le 3, en l'église Saint-Pierre de Neuilly, a été célébré le mariage d'une princesse de la Maison de France avec un gentilhomme français. S.A.R. la princesse Geneviève d'Orléans, 21 ans, fille de la duchesse de Vendôme, est l'arrière-arrière-petite-fille du roi Louis-Philippe, et la nièce du roi des Belges. Le comte de Chaponay, est, par sa mère, l'arrière-petit-fils d'Eugène Schneider, fondateur du Creusot.

Le monument de Guynemer
Le 8 juillet, Mme Guynemer assiste à l'inauguration du monument érigé par la Belgique à Poëlcapelle, sur les lieux où son fils, combattant de l'escadrille des Cigognes, disparut après avoir livré sa dernière bataille, « en plein ciel de gloire ».

Le traité de Lausanne
Le 24 juillet, Ismet Pacha, délégué de la Turquie, a le sourire en quittant (à droite, sur les marches) le palais de l'Université à Lausanne. Il vient de signer le traité de paix turco-polonais avec M. Modzelewsky, ministre plénipotentiaire. Désormais la Turquie est promue au rang de nation libre et vraiment autonome.

Le bey de Tunis à l'Elysée
Le 14 juillet dans l'après-midi, revêtu de l'uniforme chamarré des souverains de Tunisie, Mohammed El Habib a été reçu par M. Millerand. Celui-ci a accompagné en voiture le bey à l'Hôtel de Ville, dont M. Lalou, président du Conseil municipal, lui a fait les honneurs.

Millerand décore les généraux
C'est le lendemain de la fête nationale, dans la cour des Invalides, que le président de la République est venu épingler lui-même la plaque de grand officier de la Légion d'honneur sur la poitrine des généraux Farret, Huguenot, Grégoire, Lamothe et Guérin.

Nageurs sans maillot de bain...
Aux championnats de natation de Paris, disputés le 17 à La Maltournée, dans le bassin des Pingouins de la Marne, une épreuve originale réunissait plusieurs nageurs : le 100 m habillé, 1re série. En gilet, chaussures et pantalon, les concurrents (en raison de la chaleur ?) avaient quand même tombé la veste.

Plusieurs tonneaux, sans accident
Cette bruyante course de tonneaux – deux par concurrent – a réuni des amateurs musclés applaudis par les badauds et même, au-dessus, par les voyageurs du métro aérien. Elle avait lieu à l'occasion du Concours international de gymnastique qui réunissait à Paris, à partir du 20, 28 000 gymnastes, appartenant à 600 sociétés internationales, accompagnés de 5 000 musiciens. Le 22, au Champ de Mars, 40 000 spectateurs étaient venus assister à la grande fête de la gymnastique.

Une garden party à l'Elysée
Le 1er juillet, le président de la République et Mme Millerand ont donné une réception dans les jardins de l'Elysée. Les jeunes filles de la Maison d'Education de la Légion d'Honneur, les élèves de Saint-Cyr et de Polytechnique, les membres du corps diplomatique et du Parlement, les personnalités du monde artistique et littéraire, les autorités civiles et militaires se sont réunis. Une détente agréable pour tous.

Sessue Hayakawa à Paris

Le 25, le grand acteur japonais, qui a conquis le public français dans *Forfaiture,* a été reçu triomphalement à Paris. La foule l'a ovationné au balcon du cinéma Aubert-Palace où était affiché un télégramme publicitaire géant annonçant qu'il venait en France pour tourner dans *La bataille,* d'après le roman de Claude Farrère. Sessue Hayakawa et son épouse, l'actrice Tsuro Aoki, y tiendront le rôle du marquis et de la marquise Yorisaka. Ancien élève du collège naval de Tokyo, l'acteur a joué d'abord au Japon, puis aux Etats-Unis, à San-Francisco, où le metteur en scène T.H. Ince découvrit son talent original et son masque expressif, « le plus photogénique du monde ».

Une patriote irlandaise :

Mrs Mac Swiney, la veuve du lord-maire de Cork – qui fit la grève de la faim jusqu'à la mort pour défendre la cause de l'indépendance – est de passage à Paris. Elle revient d'une tournée de propagande en Amérique où elle a peint les persécutions qui frappent les patriotes, dont 16 000 environ seraient en prison. Aux Etats-Unis, où il y a douze millions d'émigrés ou de fils d'émigrés irlandais, elle a fait une collecte pour les parents des prisonniers.

Et aussi le...

1-2 – Grand Prix de l'Automobile Club de France à Tours (voir page 172).

4 – Place des Vosges, 1er concert TSF donné dans un jardin public.

8 – A Paris, près du pont Mirabeau, les pompiers expérimentent la plus puissante pompe à incendie du monde.

14 – En raison de la forte chaleur, le défilé du 14 juillet n'a pas eu lieu.

22 – Henri Pélissier remporte le Tour de France.

28 – Mariage de l'aviateur Nungesser.

Août

Pendant ce mois d'août, et bien qu'il ne fasse pas toujours chaud, Paris a les yeux tournés vers Deauville où Polaire, l'étoile du music-hall, et Georges Carpentier, le champion de boxe, mènent la farandole dorée des estivants. Dans la capitale, un visiteur, Rudolph Valentino, fait battre le cœur des femmes, à Brest un croiseur fait battre celui des marins. Des Etats-Unis nous parvient l'image démocratique du président aux champs.

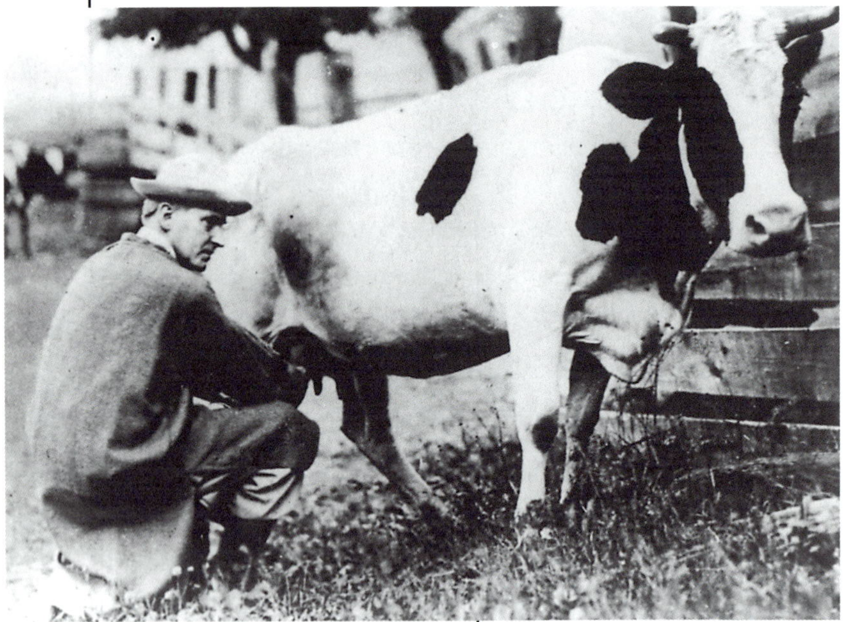

Coolidge en vacances
Cet homme qui trait une vache est le président des Etats-Unis. Moderne Cincinnatus, Calvin Coolidge (qui a succédé le 2 août au président Harding décédé) aime s'adonner aux travaux des champs pendant ses vacances qu'il passe dans la modeste ferme paternelle de Plymouth, dans l'état de Vermont, son pays natal.

Elégances à Deauville
Le 26, jour du Grand Prix, gagné par *Sao Polo,* les estivantes n'ont pas hésité à braver la pluie pour faire admirer leurs toilettes. En revanche, côté plage, le grand chic cette année est d'arriver en voiture, en peignoir et maillot de bain, et, s'étant fait déposer près de la mer, de traverser les rues dans cette tenue. Choquant ! disent certains, mais ils sont peu nombreux...

Rudolph Valentino à Paris
Venant de Londres, le populaire jeune premier du cinéma est arrivé le 15 par avion à l'aéroport du Bourget, accompagné de son épouse, la réalisatrice Natacha Rambova. Ils ont assisté le soir même à un banquet offert en leur honneur par Jacques Hébertot, directeur du théâtre des Champs-Elysées.

Gloire aux volontaires étrangers
Le 26, dans la cour d'honneur des Invalides, les volontaires étrangers de la Grande Guerre ont commémoré, comme chaque année, leur enrôlement. M. Maunoury, ministre de l'Intérieur, a prononcé un discours émouvant et remercié en termes chaleureux ces volontaires accourus de tous les pays du monde au secours de la France.

Un ministre polyvalent
Le deuxième congrès d'aviation sans moteur s'est déroulé du 5 au 26 août dans l'anse de Vauville à proximité de Cherbourg. Il a pour but d'établir les applications que peut recevoir le vol à voile dans le domaine de la technique, du sport et de la formation des pilotes. M. Laurent-Eynac, sous-secrétaire d'Etat à l'Aéronautique a honoré de sa présence les expériences du congrès, le clergé n'étant pas absent de ses rencontres. Le ciel est aussi son affaire.

Lancement du « Duguay-Trouin »
Une imposante cérémonie a accompagné le lancement à Brest, le 15, du nouveau croiseur de 8 000 tonnes, 175 mètres de long, puissance 100 000 CV et vitesse 34 nœuds, avec 2 hydravions embarqués. Il a eu lieu en présence de M. Raiberti, ministre de la Marine, qui a prononcé le discours de tradition. Tous les bâtiments ancrés dans l'arsenal avaient arboré le grand pavois. L'opération du lancement dura un quart d'heure et se déroula sans incident.

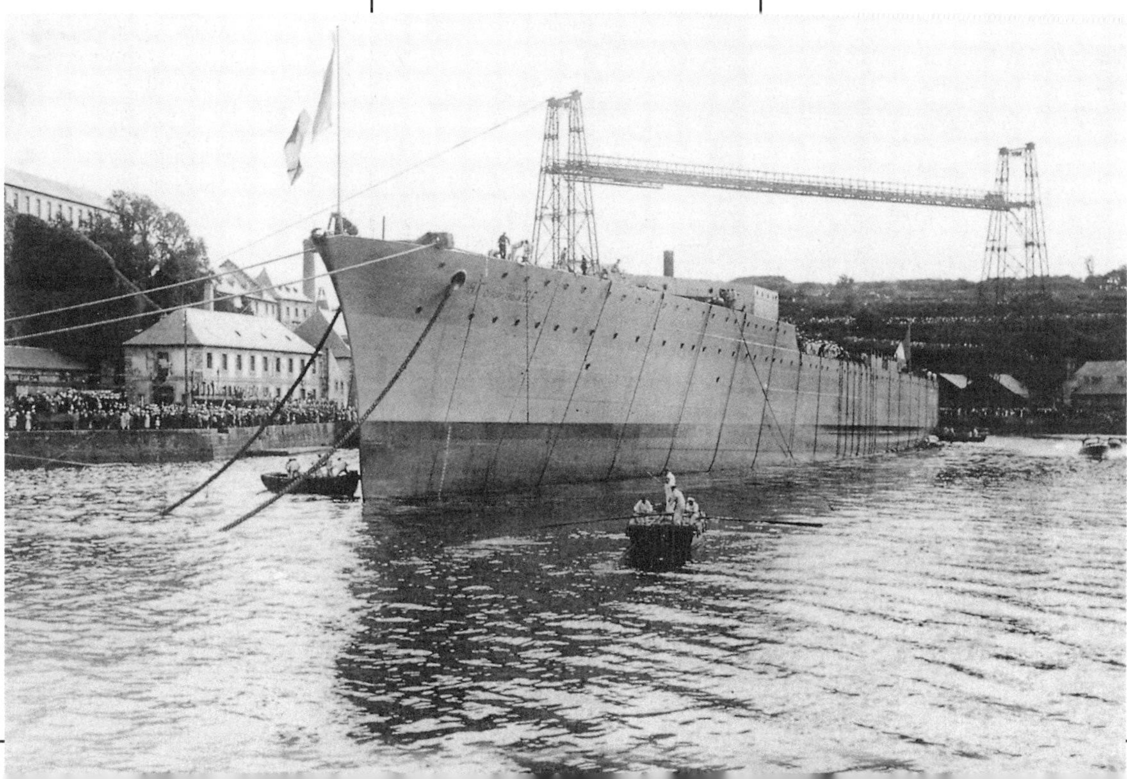

Et aussi le...
1 – A Villacoublay, Sadi Lecointe bat le record du monde de hauteur : 10 800 mètres.
2 – A Saint-Honoré-d'Eylau, mariage du cinéaste Max Linder et Ninette Peters.
6 – L'Américain Sullivan réalise la traversée de la Manche à la nage.
8 – Arrivée à Paris de la reine Marie de Roumanie.
17-24 – 20 000 ha de forêts sont détruits à la suite de violents incendies dans les Maures et l'Estérel.
29-1er – Revue Y'a qu'à Paris *de Jacques-Charles au Casino de Paris.*

Septembre

Pendant que la terre tremble au Japon, faisant des centaines de milliers de morts, pendant qu'un navigateur solitaire, Alain Gerbault, traverse l'Atlantique sur son petit bateau, la vieille Europe n'en finit pas de commémorer la Grande Guerre qui l'a si profondément marquée. Du nouveau pourtant en Espagne avec le coup de force de Primo de Rivera, et, plus modestement, en France, avec les premières championnes cyclistes.

L'anniversaire de la Marne
Le 9, le neuvième anniversaire de la première victoire de la Marne a été solennellement célébré à Meaux en présence des maréchaux Joffre et French. Les honneurs étaient rendus par le 16e Dragon et la musique du 103e d'Infanterie. Après la messe dans la cathédrale, et un banquet de 300 couverts, M. Maginot, qui présidait les fêtes, a prononcé un grand discours. Puis le cortège officiel, précédé par le ministre de la Guerre, s'est rendu au monument commémoratif du cimetière d'Etrepilly.

Dictature militaire en Espagne
Le 13, le général Primo de Rivera, a pris la tête d'un putsch dirigé contre le gouvernement. Avec l'accord du roi Alphonse XIII (ci-dessus : le roi et le général) il a mis en place un gouvernement militaire : les Cortes sont dissous, les garanties de la Constitution abolies. Causes du putsch : les troubles sociaux, l'instabilité parlementaire et la défaite de l'Espagne dans le Rif.

Un métropolite à Paris
Mgr Messara, métropolite extraordinaire de Beyrouth et du Grand Liban, a été reçu le 21 au ministère des Affaires étrangères par le président du Conseil, Raymond Poincaré, puis à l'archevêché de Paris par le cardinal Dubois. Envoyé du patriarche d'Antioche, Mgr Messara était accompagné de notables syriens. L'objet de sa mission n'a pas été divulgué.

Le Grand Prix d'Europe à Monza
Ce trophée, véritable objet d'art valant 50 000 lires, a été remis le 9 au vainqueur de la grande compétition automobile qui réunissait 16 concurrents sur l'autodrome de Monza : 2 litres de cylindrée, poids minimum autorisé 650 kgs. C'est l'italien Salamano, sur Fiat, qui a triomphé en parcourant les 800 kilomètres (80 tours de piste) en 5 h 27 min 38 s, devant Nazzaro et Murphy.

Une course cycliste féminine
Ces concurrentes, photographiées au départ à Saint-Cyr, le 2, s'apprêtent à disputer chaudement une épreuve de 34 kilomètres. Mme Cousin, qui s'était détachée dès le début de la course, battit nettement ses adversaires, terminant le parcours en 1 h 9 min 22 s., soit à l'excellente moyenne de 30 km/h. Une chute, sans gravité, lui avait fait perdre 2 minutes.

Les chèvres de Paris
Avant la guerre, la capitale comptait de véritables troupeaux de chèvres, et les chevriers parisiens livraient le lait frais à domicile. Aujourd'hui les chèvres se font rares dans les rues de la ville, et, par les temps de canicule, les promeneurs sont heureux de trouver ces dernières distributrices pittoresques d'une boisson saine et rafraichissante.

Et aussi le...
9-16 - Poincaré inaugure la Grande semaine du poisson à Boulogne-sur-Mer.
10 - Charlie Amaga, artiste de music-hall, réalise des acrobaties au troisième étage de la Tour Eiffel.
15 - Au château de Bellevue, près de Versailles, mariage de la princesse Isabelle d'Orléans et du comte Bruno d'Harcourt.
19 - A Rambouillet, réunion franco-britannique : Baldwin, Millerand et Poincaré.
23 - La foudre provoque des dégâts pendant la coupe Gordon-Bennet des sphériques.
24-30 - Semaine internationale des nuages, organisée par le Comité météorologique international.
29 - Inauguration du nouveau pont métallique (voie ferrée) dans le Var.

Octobre

Le Salon de l'Automobile, bien sûr, mais aussi le Prix de l'Arc de Triomphe, sont les deux grands événements marquants de ce mois. Un mois d'automne ou plutôt d'« été indien », tant le soleil n'en finit pas de briller. Cela incite à musarder au dehors et, malgré la « menace bolchevique » sévèrement réprimée en Allemagne, Paris reste serein mais vigilant sur les événements d'Outre-Rhin.

La rage de guérir
L'Institut Pasteur fête son centenaire, au terme d'un premier bilan scientifique qui fait l'admiration du monde entier. Depuis le vaccin contre la rage, l'Institut s'honore de nombreuses autres découvertes qui ont contribué à faire progresser la recherche médicale.
Des savants participent avec dévouement à cette grande œuvre humanitaire, dont le comte Arnaud de Gramont, membre de l'Institut.

Souvenir
Ci-dessous, monument érigé à la mémoire des victimes du dirigeable *République*.

« Violetera », l'Inoubliable
Deux célèbres têtes d'affiche pour la nouvelle revue du Bataclan, le théâtre lyrique en vogue de Paris : la belle, la troublante actrice et chanteuse espagnole, Raquel Meller (ci-dessus) et le fameux Georges Milton, dit « Bouboule », interprète de la chanson : *La fille du bédouin.* Mais chacun garde en mémoire l'inoubliable *Violetera,* créée sur scène par Raquel Meller et que Charlie Chaplin fit orchestrer pour son film *Les Lumières de la ville.*

Vapeurs d'alcool
Pas d'innovations retentissantes au XVIIIe Salon de l'Auto à part la mode des moteurs à quatre et six cylindres et la percée du « pneu-confort » Michelin, toujours contesté. En revanche, les députés ont voté une loi entrée en vigueur depuis le 1er octobre, obligeant les importateurs d'essence à acheter à l'État l'équivalent de 10 % d'alcool français pour leur mélange.

Triomphe de *Parth*
Soleil et haute couture étaient au rendez-vous très élégant de Longchamp pour le Prix de l'Arc de Triomphe, le 7 octobre dernier.
Les pronostics étaient difficiles en raison des nombreux concurrents de valeur en compétition.
Finalement, au terme d'une course exaltante, la foule en délire lança des « vivats » aux deux grands vainqueurs du jour : le cheval *Parth* et son jockey O'Neill, entourés, ici, de leurs admirateurs.

Dévouement à l'honneur
Emouvante et solennelle remise de la croix de la Légion d'honneur, ce 4 octobre, à Miss Evelyn Garnaud-Smalley, américaine et dévouée directrice du Foyer du soldat à Duisbourg. Remise par le général Gouraud, gouverneur militaire de Paris, la haute distinction française fut célébrée par une prise d'armes dans la cour des Invalides.

Journée noire pour les « rouges »
Créé en 1918, le Gouvernement des conseils ouvriers, mouvement communiste des prolétaires de la province allemande de Saxe-Thuringe, vient de subir de graves répressions de la part du gouvernement d'Outre-Rhin.
Après d'impitoyables poursuites, la police a finalement arrêté deux militants du parti rebelle aux institutions en place.

Et aussi le...
7 – Inauguration du musée préhistorique des Eyzies en Dordogne.
13 – Mort du romancier Emile Bergerat.
14 – Le président Millerand inaugure le pont en béton armé à Saint-Pierre-du-Vauvray dans l'Eure.
16 – Ouverture du Salon des Appareils ménagers au Champ de Mars.
18 – Le ministre de l'Instruction publique Léon Bérard inaugure le lycée Pasteur à Neuilly.
25 – Première de La Création du monde *au théâtre des Champs Elysées interprété par les Ballets suédois.*
30 – Sadi Lecointe bat un nouveau record de hauteur, 11 200 m, à Issy-les-Moulineaux *(voir page 165).*

Novembre

L'échec du putsch de Munich et l'arrestation d'Hitler et de Ludendorff mobilisent moins l'attention des Parisiens que le marathon annuel autour de la capitale ou les bals des Catherinettes. La France récompense – enfin – Marie Curie ; en Angleterre, une comtesse « rouge » se présente aux élections.

La comtesse travailliste
La candidature au Parlement de la comtesse de Warwick fait grand bruit en Angleterre. C'est, en effet, sous l'étiquette travailliste qu'elle se présente dans la ville qui porte son nom. La voici, rênes en main, en route pour faire campagne.

Une pension pour Marie Curie
A l'occasion du 25e anniversaire de la découverte du radium, le ministre de l'Instruction publique, Léon Bérard, a déposé, le 23, un projet de loi pour accorder à Mme Curie, ici avec son mari, une pension annuelle de 40 000 F, à titre de récompense nationale.

Hommage à Pierre Giffard
Le Touring-Club de France a inauguré le 18, au bois de Boulogne, un monument en forme de banc à la mémoire de Pierre Giffard, le grand vulgarisateur de la bicyclette. De nombreux sportifs étaient venus à la Croix de Noailles assister au pittoresque défilé de quelques grands bicycles. Parmi les ancêtres, on remarquait Charles Terront, gagnant de la première édition de Paris-Brest et retour en 1891.

Les bals de la Sainte-Catherine
Le 24, Sainte-Catherine a été fêtée avec entrain comme le montre ce bal costumé dans une maison de couture des Champs-Elysées. Jean Patou avait choisi Luna-Park pour y donner à ses ouvrières un bal « Louis-Philippe », animé par le fantaisiste Dranem.

Le Tour de Paris pédestre
Le 12, Henri Siret, phénomène de la course à pied – photographié ici boulevard Sérurier –, a gagné à trente-sept ans son huitième Tour de Paris : 40 kilomètres couverts en 2 h 30 min 15 s. C'est le meilleur temps réalisé depuis la création de l'épreuve en 1913. Siret a remporté plus de 15 marathons en France ou à l'étranger.

Un aveugle ranime la flamme
Le 13, le président de l'Association des aveugles de guerre a ranimé la flamme du souvenir sur la tombe du Soldat inconnu. Une garde d'honneur présentait les armes au glorieux soldat.

Et aussi le...
10 – A Lorient, lancement du contre-torpilleur Jaguar.
11 – Anniversaire de l'Armistice. A Compiègne, inauguration du monument Guynemer.
13 – A Issy-les-Moulineaux, Mlle Cousin saute en parachute de 350 mètres.
15 – Inauguration du Studio des Champs-Elysées, de Jacques Hébertot, avec le Club des canards mandarins *de Duvernois et Forthuny.*
20 – Départ de Mistinguett pour une tournée aux U.S.A.
28 – Arrivée à Paris du Shah de Perse.
30 – Laporte bat le record d'altitude sur hydravion (5 535 mètres).

Décembre

Un mois de deuil sous un ciel gris où s'inscrit, en lettres noires, le naufrage aérien du dirigeable *Dixmude,* après plusieurs jours de silence et d'attente angoissée. Funérailles nationales pour Barrès, mort discrète de Steinlen. A la veille du jour de l'An, la Seine déborde, la région parisienne est inondée.

Adieu, Steinlen
Le 14, le grand dessinateur Steinlen, qui peignit tant de travailleurs et de miséreux, est mort lui-même dans la misère. Né à Lausanne, cet incomparable observateur des chats avait été révélé au public par le cabaret de Salis, « Le chat noir ».

Les obsèques de Barrès
Maurice Barrès est décédé subitement dans son hôtel de Neuilly. Le 8, Paris a fait au célèbre écrivain des obsèques nationales, sous la pluie. Le convoi, après une halte symbolique devant la statue de Strasbourg, place de la Concorde, où l'attendaient les délégations, a gagné Notre-Dame pour une cérémonie simple et grandiose, en présence de MM. Millerand et Poincaré, du Maréchal Foch et de nombreux ambassadeurs, ministres et académiciens.

Un raid qui finit mal
Parti de Londres pour Amsterdam, l'aviateur américain Laurent Sperry a disparu le 14 dans la Manche, près de Hastings, où des pêcheurs ont retrouvé son avion vide. Venu récemment des Etats-Unis, il faisait avec son appareil une campagne électorale originale (notre photo) pour le parti libéral.

Le *Dixmude* a disparu
Le *Dixmude* (ex-Zeppelin L 72 livré à la France) a disparu corps et biens le 28, au large de la Sicile. Seul, le corps du commandant, Jean du Plessis de Grénédan, a été retrouvé. Le dirigeable avait quitté Cuers-Pierrefeu, près de Toulon, le 2 août pour un grand voyage vers l'Afrique. A la suite d'une avarie, il avait dérivé pendant plusieurs jours.

Record en hydroglisseur
Le 22, sur le bassin des Mureaux, un hydroglisseur français de 350 HP, piloté par Canivet, a atteint la vitesse record de 141,732 km/h.

A la veille de Noël, les jouets sont, eux aussi, placés sous le signe de l'aérodynamisme et de la vitesse pour séduire les enfants modernes.

Et aussi le...
7 – Le prix Goncourt est décerné à Lucien Fabre pour son roman Rabevel ou le Mal des Ardents.
14 – Succès retentissant de Knock ou le triomphe de la médecine *de J. Romains, à la Comédie des Champs-Elysées, avec Louis Jouvet, Iza Reyner et Irma Penot.*
28 – Mort de Gustave Eiffel (voir pages 60-61).
31 – Crue de la Seine. Inondations importantes dans la région parisienne (voir page 118).

« C'est Chamonix... »

La vallée de Chamonix, surplombée par les plus prestigieux sommets des Alpes, attire des quatre coins du monde les amateurs de sports d'hiver. La fascination de la neige et la beauté des paysages expliquent la mise en travaux, cette année, de ce qui sera le plus haut funiculaire aérien du monde : le téléphérique de l'Aiguille du Midi.

On pouvait lire dans *la Revue populaire de Savoie,* en date du 1er octobre 1901, un article intitulé : « A qui appartient le Mont Blanc ? », auquel *Le Mont Blanc,* journal politique, administratif et agricole, répond ainsi, le 25 : « Le sommet du Mont Blanc appartient aux touristes et aux guides, aux savants et aux ignorants qui ont bonne tête, bons poumons et bonnes jambes pour aller ou trembloter de froid ou admirer l'immense et splendide panorama qui se présente là-haut, sans se soucier si le tourniquet girouette du vent, la fameuse pipe du Mont-Blanc, est bien de telle nation... » On peut désormais dire la même chose de la vallée : tous les passionnés de sports d'hiver – et d'été – peuvent s'y rendre par le train : la ligne du P.L.M. va jusqu'à Argentières depuis plus de dix ans. Certes les mulets étaient plus sélectifs ; mais des amitiés se nouent entre les guides et leurs « monchus » ; les « sans-guide » du jeune Club alpin français font merveille et patineurs, skieurs, lugeurs, acquièrent peu à peu droit de cité.

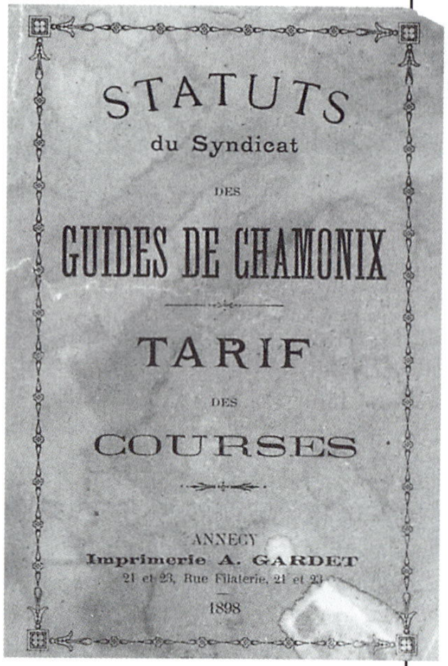

STATUTS

du Syndicat

DES

GUIDES DE CHAMONIX

TARIF

DES

COURSES

ANNECY

Imprimerie A. GARDET

21 et 23, Rue Filaterie, 21 et 23

1898

En haut : l'autochenille connaît partout une vogue grandissante, et cette année, d'audacieux conducteurs s'élèvent bien au-delà des alpages.

Le syndicat des guides de Chamonix est un « club » très fermé. Il faudra du temps pour qu'il accepte en son sein ceux qui ne sont pas de « la vallée »... Quant aux refuges, on y couche encore sur la paille mais guides et clients ont chacun leurs quartiers.

De l'effroyable crevasse du glacier de Tête-Rousse à la paisible église de Chamonix, autour de laquelle dorment encore les morts, en passant par le chemin de fer à crémaillère qui vous transporte au Montenvers, tout est à voir.

Le patinage, artistique ou de vitesse, donne lieu à de nombreuses compétitions, aussi bien que le saut à ski. Des diplômes sanctionnent les exploits des champions et des amateurs.

De nombreux compositeurs ont chanté la montagne. C'est naturellement Chamonix qui inspire le plus d'artistes, comme en témoignent ces refrains signés le 12 juillet 1923 par E. Reynier :

« Mais je vous dis
C'est Chamonix
Le plus beau pays
Entre Nice et Vichy...
Entre Aix et Annecy...
D'Ostende à Biarritz ».

Et pourquoi pas
« De Rome à Paris » !

Eclosion du ski

En 1923, le ski français n'a que... vingt-trois ans. Ce n'est en effet qu'en 1896 que Michel Payot introduit à Chamonix cette pratique, qu'une expédition scientifique de 1838 avait observée dans le Grand Nord. Pourtant, au XVIIe siècle déjà, Régnard écrivait à propos des Lapons : « Il est impossible de concevoir comment ils peuvent se soutenir en descendant les fonds les plus précipités, et comment ils peuvent monter les montagnes les plus escarpées. C'est pourtant ce qu'ils font avec une adresse qui surpasse l'imagination, et qui est si naturelle aux gens du pays que les femmes ne sont pas moins adroites que les hommes à se servir des planches ». Moyen de transport devenu sport, le ski déclenche aussitôt une vogue aussi incroyable que variée.

En haut : les parents font plus volontiers du ski que les enfants, et les bâtons – en bambou – ne sont pas vraiment sur mesure.

Ci-dessus : la mer de glace attire tous les âges et tous les sexes. Il ne faut qu'un peu de courage, avec un tel équipement...

Ci-contre : la distinction entre ski alpin et ski de fond n'a pas lieu : lattes de bois et peaux de phoque demandent souplesse et endurance, mais font chaud aux muscles et au cœur.

Jeux à la neige
On peut tout faire à ski ou en patins : à la verticale, jongler ; à l'horizontale, passer à toute vitesse et sans la cogner, sous une poutre qu'on descend peu à peu ; et, bien sûr, s'envoler par-dessus un nombre croissant de chaises... Cette frénésie ludique n'a pas empêché, le 19 juillet 1910, le très solennel président Fallières d'inaugurer l'Hôtel de ville, qui était auparavant... l'« Hôtel Impérial et de Saussure ». !

« Parcelle de paradis terrestre », comme le disait Horace-Bénédict de Saussure, Chamonix perdu au fond de son inaccessible vallée est devenu la Mecque des sports d'hiver. On tâte d'un peu de tout, et si le matériel est encore bien ingrat, le cœur et la tête y suppléent. Ces paysages, qualifiés de « terrifiants » et de « hideux » avant Jean-Jacques Rousseau, deviennent source d'émerveillement et de joie constante. Une des plus nobles conquêtes de l'homme moderne ?...

La luge n'est pas le privilège des enfants. Quant au bobsleigh, tout le monde en connaît déjà la terrible réputation.

Au milieu : les chasseurs alpins sont depuis 1871 un corps d'élite. Ce qui n'empêche pas les chutes...

Le « ski-skjoering » attire loin des hippodromes des personnages aussi réputés que le jockey F. Bullock, qui tire ici son camarade H. Gelliss.

Le Calais-Méditerranée-Express, avec ses belles voitures de teck verni a vécu. En 1923, les 6 dernières voitures en acier commandées en Grande-Bretagne, par la Compagnie Internationale des Wagons-Lits aux forges de Leeds à Birmingham sont livrées. Elles s'ajoutent aux 34 voitures, arrivées un an plus tôt, qui ont été affectées au prestigieux express de luxe de la Méditerranée.
Ces voitures, dites du type S (comme steel = acier) sont remisées aux ateliers de la Compagnie. Peintes en « gris atelier » par les forges de Leeds, elles doivent recevoir leur couleur définitive par les soins de l'atelier de peinture des Wagons-Lits.
Le parc de la Compagnie, depuis sa création, a toujours été composé de voitures en teck. L'arrivée de ces voitures en acier pose un délicat problème. Puisqu'elles sont en métal, il n'y a aucune raison de leur donner la couleur du bois ! Oui, mais quelle teinte va-t-on prendre ? La légende veut que M. Noblemaire, le directeur de l'exploitation, pris de court, suggéra à sa direction générale d'adopter le bleu foncé rehaussé d'un filet or : ce sont les couleurs de l'uniforme qu'il portait à l'armée quand il servait dans les chasseurs alpins, bleu marine avec les galons « jonquille » sur la manche. L'accord obtenu, les 40 voitures-lits sont peintes et, dès le jour de l'inauguration du nouveau train, la presse et le public ne parlent plus que du « Train Bleu ». Un seul récalcitrant : l'horaire officiel des Chemins de Fer qui n'abandonnera la dénomination « Calais-Méditerranée-Express » que trente ans plus tard !
Les habitués de la Côte, clientèle cosmopolite, disposent désormais d'un train superbe. Cabines d'acajou décorées de marqueteries de

Le Train Bleu sur la Côte d'Azur joue à cache-cache avec la Méditerranée. A Vintimille, tout le monde descend, sauf les voyageurs pour San-Remo. Deux voitures continuent vers la Riviera.

La Côte d'Azur toute l'année ! c'est tout nouveau. Il était jusqu'à présent de bon ton de passer l'hiver au soleil de la Côte et l'été sur les sommets. Eh bien maintenant, on ira cuire au soleil de l'été et grelotter l'hiver dans les Alpes ! C'est la mode !

La salle à manger du buffet de la gare de Lyon (aujourd'hui classé monument historique) qui ne s'appelait pas encore Train Bleu. 41 peintures murales évoquent les grandes stations du réseau P.L.M.

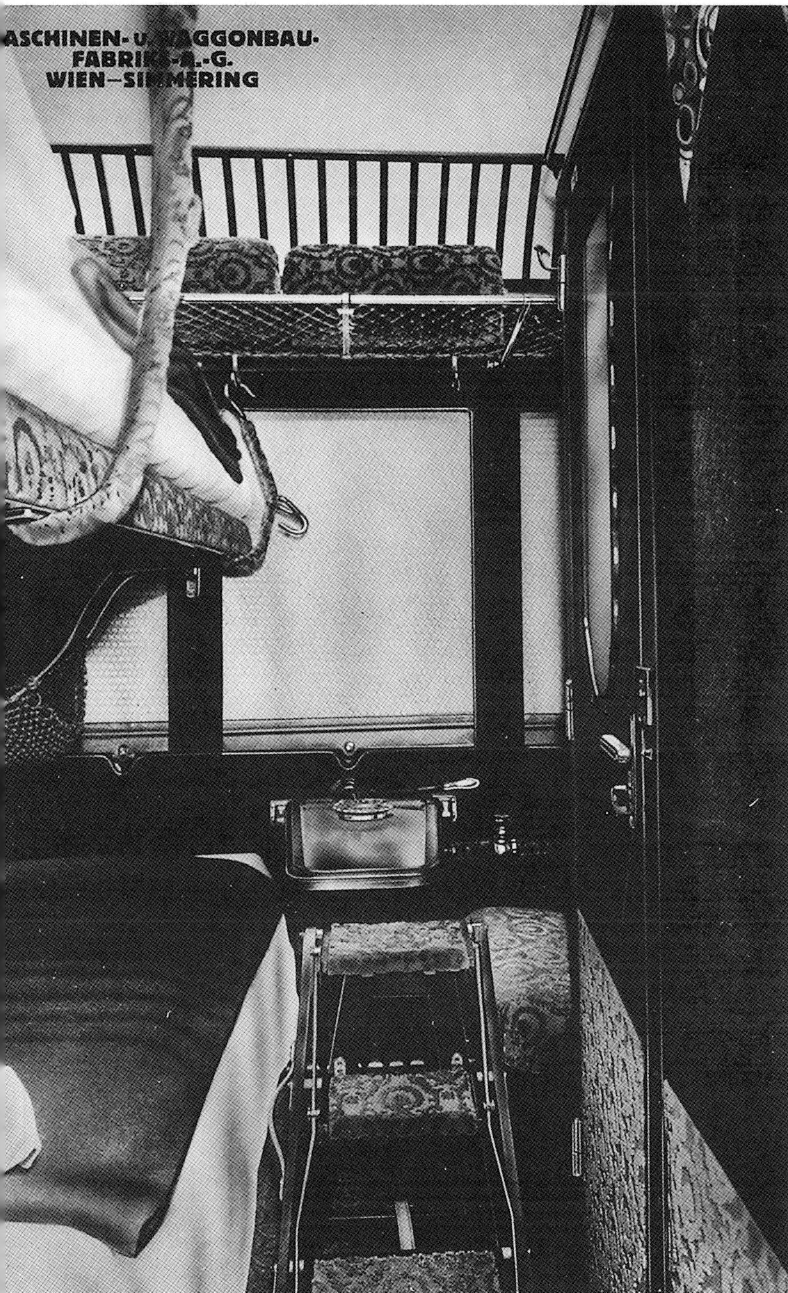

Une cabine du train Bleu en 1923. Véritable petit salon pendant le jour : banquette et appui-tête de velours frappé, marqueterie art-déco. Pour la nuit, stores baissés, lumière de chevet individuelle et l'indispensable escabeau pour le dormeur du haut.

couleurs, réunies deux à deux par un cabinet de toilette intermédiaire, roulement amélioré et ambiance feutrée. Chaque sleeping peut accueillir 16 voyageurs : 8 en single, 8 en double. Pendant les parcours de jour, les cabines sont de véritables petits salons, la nuit d'intimes chambres à coucher. Un journaliste anglais n'hésite pas à appeler le nouvel express le « Modern magic carpet ». N'est-il pas vrai que, pour un Britannique, le Train Bleu est un véritable tapis magique qui lui permet de quitter les brumes de Londres et de se retrouver le lendemain sur les golfs ensoleillés de Cannes et de Nice. Le wagon-restaurant ajoute au voyage un charme particulier : celui de la gastronomie. Jetons un regard sur un menu daté de 1923 : œufs frits à la Turbigo, poulet de grains pommes pailles, petits pois aux laitues, jambon d'York, salade russe, croûte aux fruits, dessert ; le tout arrosé d'un Olivier Monopole et d'un Margaux. Après le départ des derniers dîneurs, la brigade du wagon-restaurant plie les tables, range les sièges et installe les hamacs dans lesquels elle va passer la nuit. Une nuit courte car le lendemain, avant 6 heures, il va falloir faire une nouvelle mise en place pour le service des petits déjeuners qui seront servis à partir de 7 heures.

Le Train Bleu accomplit quotidiennement ce miracle de vous mener dans un confort exemplaire vers les rivages de la Méditerranée, cet eden, révélé en 1834 par le chancelier de Sa très gracieuse Majesté, ce Lord-Brougham, qui découvrit au hasard de ses périgrinations un petit village de pêcheurs nommé Cannes. Il attira vers la Côte toute la « Jet Society » et la reine Victoria vint y passer l'hiver. Plus tard, les peintres Signac, Matisse, Dufy, Du-

L'oval d'un bouquet multicolore sur la paroi d'acajou. Les cabines du Train Bleu changent de décor suivant leur numéro de série.

noyer de Segonzac ; les écrivains Colette, Géraldy, Morand, Valéry, Giraudoux, Cocteau... se retrouveront dans le Train Bleu pour aller peindre sur le motif ou écrire des pages gourmandes sous la treille muscade.

LE TRAIN BLEU VU PAR DRIAN

Sommes-nous sur le quai de la gare de Lyon, ou sur scène pour assister au début d'un jeune premier nommé Train Bleu ? Le rideau se lève sur les mannequins de Chanel ; la plus célèbre des Célimène, Cécile Sorel qu'accompagne son futur époux le comte de Ségur ; Montesquiou qui fait paraître cette année « Les pas effacés », *frileusement enveloppé dans sa pelisse ; Maurice Chevalier qui n'a pas eu le temps de soulever son canotier pour saluer la retardataire Mistinguett.*

La mort de Gustave Eiffel

Le monde des bâtisseurs est en deuil. A quatre-vingt-onze ans, Monsieur Eiffel a décidé de monter au paradis d'où il pourra s'assurer que sa tour est parfaitement verticale. Avec lui, c'est une grande aventure humaine et technique qui s'achève.

En haut : lourde de ses 9 700 tonnes, la Tour Eiffel domine le paysage parisien. Au-dessous : son « père » en compagnie de ses petits-enfants. Ci-contre : construit en deux ans, de 1882 à 1884, voici le viaduc de Garabit, dans le Cantal. Jeté au-dessus de la Truyère, l'ouvrage long de 564 mètres, a nécessité l'utilisation de 3 954 tonnes de métal. Ce chef-d'œuvre a coûté, maçonnerie comprise, la somme de 3 137 000 F.

Si le nom de Gustave Eiffel reste attaché à sa célèbre tour, il ne faut pas, pour autant, oublier que ce Dijonnais, né en 1832, a été à l'origine des progrès réalisés, au cours de la seconde moitié du XIXe siècle, dans la construction des grandes charpentes métalliques. Moins connu que le monument du Champ-de-Mars, achevé pour l'Exposition de 1889, le viaduc de Garabit est, lui aussi, un témoignage du génie de Gustave Eiffel. La Tour a été le point final et culminant de sa carrière.

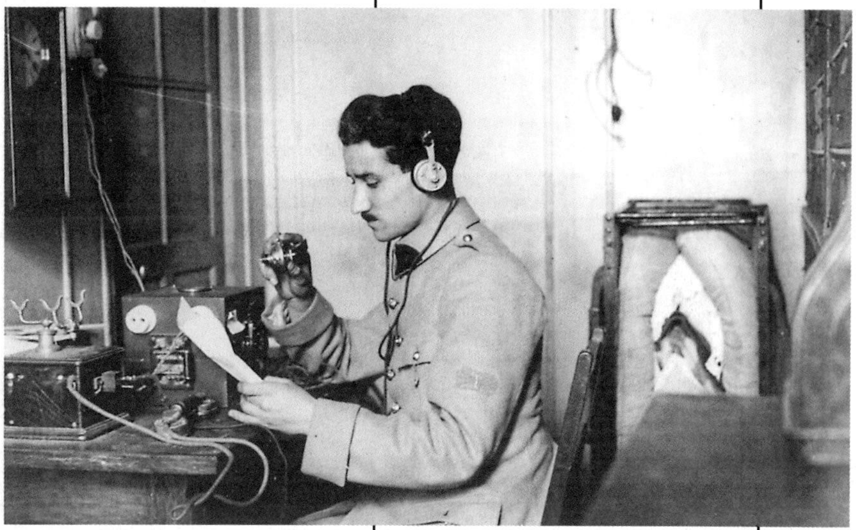

M. Eiffel se consacra ensuite à la recherche scientifique. De 1900 à 1913, il publia plusieurs livres de météorologie. De ses recherches, naquirent deux ouvrages : *Recherches expérimentales sur la résistance de l'air exécutées à la Tour Eiffel,* en 1907, et *Résistance de l'air et aviation,* en 1910.
C'est une congestion cérébrale qui, le 28 décembre, mit fin à la carrière du grand ingénieur français.

A gauche : la Tour Eiffel en image d'Epinal, comparée aux autres monuments français.

Ci-dessus : pendant toute la guerre, elle servit de centre militaire de radiotélégraphie. En 1923, cette vocation se poursuit : un opérateur lit des communiqués au micro.

Ci-dessous : Gustave Eiffel dans son imposante bibliothèque.

Meurtre à *L'Action française*

Les Camelots du roi sont en deuil. Leur secrétaire général, M. Marius Plateau vient d'être assassiné. Le meurtrier est une jeune femme de 20 ans, Germaine Berton, anarchiste bien connue des services de police.
Germaine Berton était venue voir la future victime une première fois le samedi 20 janvier pour lui faire, disait-elle, des révélations sur les mouvements anarchistes.
Elle revint le mardi 23 au siège de *L'Action française* pour, parler à nouveau avec M. Plateau. C'est au moment où celui-ci reconduisait la jeune femme qu'elle lui tira cinq balles de revolver dans le dos. Elle retourna ensuite l'arme contre elle et se blessa grièvement. M. Plateau, lui, mourut sur le coup.
En apprenant la nouvelle, les camelots du Roi décident une expédition punitive.
Une soixantaine d'entre eux se précipitent au siège du journal *L'Œuvre.* Il est 22 h 30. Armés de cannes, ils envahissent les salles, brisent huit linotypes et évacuent les lieux avant l'arrivée de la police. Quelques minutes plus tard, les mêmes vengeurs mettent à sac les locaux d'un autre journal *L'Ere Nouvelle.*

Ci-dessus : la Librairie sociale a plus de chance que L'Ere Nouvelle *(ci-dessous). Faute d'y trouver des linotypes, les Camelots du roi s'en sont pris aux machines à écrire des dactylos, au contenu des bureaux et aux vitres du journal, maintenant gardé par la police.*
Les Camelots, cette fois, ont eu moins de chance : 7 d'entre eux ont été arrêtés par les policiers. Dans les deux cas, l'opération punitive n'a duré que quelques secondes.

C'est l'imprimerie de *L'Œuvre* (ci-dessus) qui a le plus souffert.
Pour comprendre la colère des Camelots du roi, il faut savoir que la victime, M. Plateau, personnalité respectée, avait devancé l'appel de sa classe en avril 1914 et s'était vaillamment battu : blessé grièvement, il avait reçu la médaille militaire et la Croix de Guerre.
Quant à sa souriante meurtrière (en médaille), fille d'une institutrice, elle est adhérente au groupe anarchiste individualiste du 14e arrondissement. Son rêve était de tuer Léon Daudet.

Le samedi 27 janvier, après la cérémonie à l'église St-Pierre-du-Gros-Caillou, le corps de Plateau est transporté au cimetière ancien de Vaugirard.

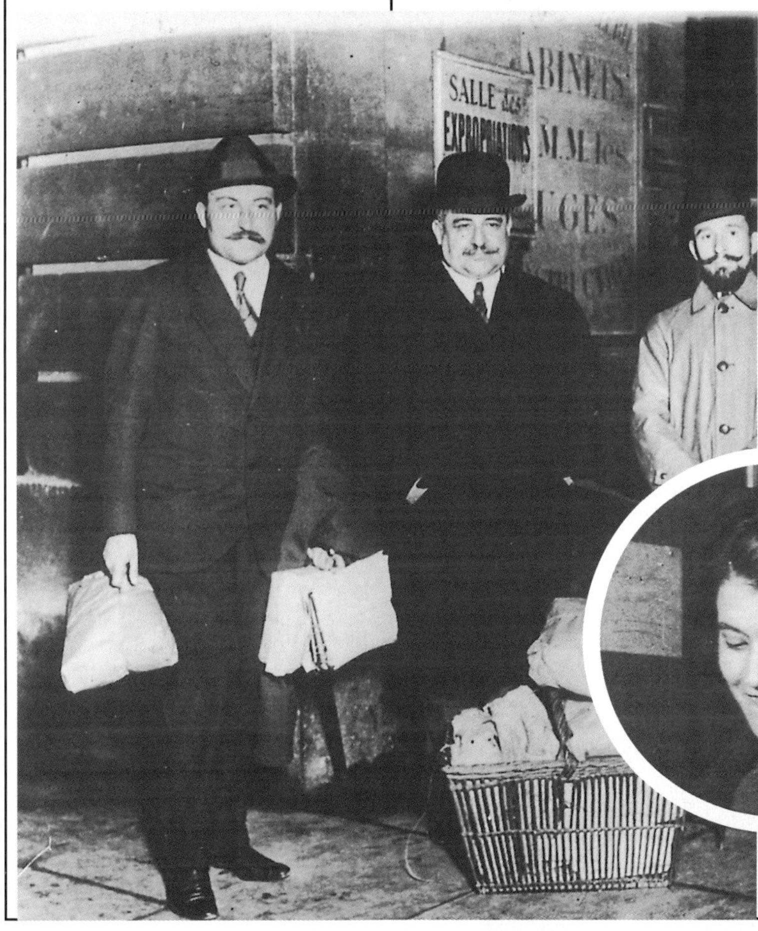

Attention travaux !

A Paris et dans sa banlieue, les ouvriers s'activent par centaines. Certains travaillent pour les voyageurs du ciel qui transiteront par la nouvelle aérogare d'Orly ; d'autres, les plus nombreux, se consacrent à des tâches plus terre à terre comme la réfection des chaussées ou le percement des tunnels pour l'aménagement du métropolitain.

C'est traditionnel. Chaque année, profitant de la période des grandes vacances (15 juillet-1er octobre), la Direction des Travaux de Paris livre les chaussées de la capitale à une armée de paveurs. Objectif : la remise en état des principales artères mises hors d'usage par le passage incessant des véhicules qui sillonnent Paris à toutes les heures de la journée. Mais voilà, le premier mouvement de curiosité passé, la gêne que provoquent ces grands travaux ne va pas sans susciter les récriminations des parisiens, jamais contents. Pour en avoir le cœur net, le préfet de la Seine, M. Juillard, est venu surveiller discrètement les ouvriers et leurs étranges machines.

En haut : une vue générale des travaux de l'aérogare d'Orly.
Ci-dessus, à droite : pendant les opérations de pavage, des pancartes interdisent l'accès des chaussées.
Ci-contre : un ouvrier remplit la benne de la bétonneuse avec cailloux, sable et ciment.

Remettre en état les chaussées parisiennes, n'exige pas moins de 22 opérations successives parmi lesquelles l'arrachage des vieux pavés de bois, le piochement du béton, le triage des pavés neufs, le goudronnage, le gravillonnage... Il faut, pour les mener à bien dans le minimum de temps, une organisation précise et un matériel perfectionné, mais surtout une main-d'œuvre nombreuse et habile.
Quant aux responsables du métro parisien, toujours soucieux de donner à leur dizaine de milliers de passagers quotidiens, un service efficace dans un minimum de fatigue, ils étudient un projet de trottoir roulant à la station Saint-Denis.

En haut : garnissage de joints entre les pavés avec un coulis de brai à 250°.
A gauche : couverture de La Science et la Vie, *montrant le projet de la station de métro Saint-Denis.*
Ci-dessous : tout est bon pour se faire une publicité.

1923

Le métropolitain restant le moyen de transport privilégié des Parisiens, le gouvernement débloque des crédits pour l'extension des lignes.
Ici, à droite, celle de la ligne n° 7 jusqu'au pont d'Arcole. Les travaux sont terminés depuis un an et l'on procède à l'aménagement des stations et des quais.
Mais ces tranchées sous la capitale ne sont pas toujours sans danger. Ainsi, à l'endroit où la ligne La Villette-Palais-Royal passe sous le canal Saint-Martin, des infiltrations se sont produites et l'eau a envahi les voies.

Les pompiers ont mis leurs pompes en action pour évacuer l'eau (ci-dessus).
Un peu plus loin, un camion déverse des pavés neufs. Si les moyens sont modernes, l'idée, elle, est ancienne : le premier pavage des rues de Paris remonte en effet à Philippe-Auguste. Le monarque, un jour de l'année 1185, n'avait-il pas été obligé de se retirer de l'une des fenêtres de son palais, alors dans la Cité, tant était nauséabonde l'odeur de la boue soulevée par les charrois.
Philippe-Auguste donna immédiatement l'ordre que les rues fussent, à l'avenir, pavées. Vœu pieux ! Ce pavage, qui était à la charge du prévot des marchands, resta circonscrit à la « croisée de Paris » formée par les rues Saint-Jacques et Saint-Martin, Saint-Antoine et Saint-Honoré. Mais dans ce secteur, le revêtement de la chaussée était à toute épreuve : des dalles de grès formaient un carré d'environ 1,15 m de côté sur 15 à 18 centimètres d'épaisseur. Le pavage, dans la capitale, ne fut réalisé que très progressivement et les Parisiens de l'époque durent être très reconnaissants à Louis XIII qui, à partir de 1638, prit à sa charge les frais de cette nécessaire amélioration ; vient ensuite l'époque du macadam puis de l'asphalte et du pavé de bois sous l'impulsion du baron Haussmann.
Les engins utilisés, appelés marteaux brise-béton ou encore marteaux-piqueurs eurent à briser la couche de mortier qui se trouve sous les pavés de la chaussée.

Mais il ne s'agit là que de petites réalisations. Le gouvernement, en effet, se préoccupe très sérieusement de donner des réserves d'air pur aux Parisiens qui ne peuvent, faute de moyens, quitter la capitale pendant les grandes chaleurs de l'été. Ainsi, lorsque fut percé le boulevard qui porte son nom, Haussmann avait souhaité qu'il comportât un square susceptible d'aérer le centre de Paris, là où se dressent les plus hauts immeubles. Mais les nécessités impérieuses de la circulation n'ont pas permis de distraire la plus petite parcelle de terrains, tous extrêmement coûteux. Stations d'autobus, de tramways et de métro ont pris la place des arbres et des pelouses.
Le seul espoir des Parisiens de voir se créer de nouveaux et vastes espaces libres où leurs enfants pourront gambader réside donc dans le dérasement des fortifications, qui se poursuit activement.

Rappelons, pour l'orgueil national, que le marteau-piqueur est une invention française datant de 1861 : on le doit à notre compatriote, Germain Sommelier, qui l'utilisa pour la première fois lors du percement du tunnel du Mont-Cenis.
Le plus étonnant, c'est que le spectacle, quel que soit l'endroit où il se donne, retient l'attention du public, surtout lorsqu'il met en scène une perforeuse électrique (ci-dessous) du dernier cri. Quant aux ouvriers, pelle et marteau-piqueur en main, on ne sait ce qu'ils doivent penser de ces supporters en canotier et aux mains bien soignées.

Entre ciel et terre
Depuis longtemps, les transbordeurs aériens sont utilisés dans les régions montagneuses pour les besoins de l'industrie ou de l'armée. Jusqu'à ce jour, il n'existait que deux funiculaires aériens affectés au transport de voyageurs : l'un près de Meran, dans le Tyrol, l'autre à Grindenwald, en Suisse. Tous deux sont dépassés par celui qui vient d'être inauguré à Chamo-

nix : il est en effet capable de transporter les voyageurs de 1 059 mètres à 3 843 mètres, soit à moins de 1 000 mètres du sommet du Mont Blanc. La ligne part des Pèlerins, aboutit au pied de l'Aiguille du Midi et se dirige ensuite vers le col du Midi. Vue imprenable garantie sur la vallée de Chamonix. Cette réalisation est une œuvre de longue haleine : commencée en 1909, interrompue par la guerre, elle a été reprise en 1922 sur l'initiative de M. Joseph Vallot, directeur de l'Observatoire du Mont-Blanc. La hauteur des pylones varie entre 12 et 33 mètres, fondations non comprises. Celles-ci doivent être d'une solidité à toute épreuve lorsque le pylone se trouve dans un couloir d'avalanches. Pour résister à ces assauts de la nature – 150 000 m³ de neige et de pierraille –, on a construit des renforts de maçonnerie destinés à couper le déluge de neige, comme la proue d'un navire fend les flots.

Encore quelques chiffres sur ce funiculaire aérien : les voitures, qui peuvent emporter 18 passagers chacune, montent et descendent à la vitesse de 2,50 m par seconde. Leurs 4 tonnes sont supportées par un câble porteur composé de 259 fils de 3 mm de diamètre. Faits dans un acier spécial, on les dit à toute épreuve.
A côté de cette spectaculaire réalisation qui focalise toutes les attentions, le pont en béton de Saint-Pierre-du-Vauvray, dans l'Eure (cidessus) semble bien modeste. Seuls rivaux, les travaux de l'aérogare d'Orly qui parlent aux imaginations en quête de dépaysement.

Thérèse de Lisieux béatifiée à Rome

Le 2 avril, en la basilique Saint-Pierre de Rome, Sa Sainteté le pape Pie XI proclame, au milieu d'une foule immense, une nouvelle Bienheureuse, en la personne d'une religieuse française, morte à vingt-quatre ans, en 1897, au carmel de Lisieux. Elle y était entrée neuf ans plus tôt et y avait mené en apparence une vie des plus ordinaires...
La reine Amélie de Portugal, tout le corps diplomatique, vingt-cinq cardinaux, d'innombrables évêques, la garde noble, la garde palatine, la garde suisse, les chevaliers de Malte, ceux du Saint-Sépulcre, tous sont là à prier devant l'image de la Bienheureuse en gloire, au-dessus de l'autel, sous le baldaquin du Bernin. Le monde catholique tout entier est en liesse. Quel destin pour cette grande mystique, dont la devise était : « L'amour ne se paie que par l'amour », et qui voulait « passer son Ciel à faire du bien sur la Terre ».

Ci-contre : Thérèse Martin à quinze ans, quelques semaines avant son entrée au carmel.
Ci-dessous : la maison des Buissonnets, à Lisieux. Son père avait quitté Alençon pour s'y établir, après la mort de sa femme.

Ci-dessus : Thérèse à huit ans avec sa sœur Céline, qui deviendra – ainsi que deux autres sœurs – également religieuse.

Une voie d'enfance

Tout est exceptionnel en Thérèse de Lisieux, à commencer par la précocité de sa vocation. Dès l'âge de neuf ans, elle se présente à la prieure du carmel pour être postulante ; lors d'un voyage à Rome, elle sollicite de Léon XIII la dispense qui lui permettra de devenir religieuse à quinze ans. Quant à la béatification, qui ne peut en principe être promulguée que cinquante ans après la mort, Pie X, puis Benoît XV, permirent que le délai fut largement abrégé.

Il est vrai que la réputation de sainteté de Thérèse s'est répandue à travers le monde à une vitesse extraordinaire. Miracle, guérisons, conversions se succèdent : c'est la fameuse « pluie de roses ». Y contribue la publication de *L'Histoire d'une âme*, récit autobiographique que Thérèse écrivit sur l'ordre de ses supérieures, et où elle décrit sa « petite voie d'amour » vers la sainteté, une sainteté « au quotidien », et qui, loin de rechercher les grands accomplissements, tente simplement de retrouver la transparence et la pureté de l'enfance.

En haut, à gauche : les cheveux de Thérèse, coupés lors de son entrée au carmel.
À droite : les armoiries de Jésus et de Thérèse, peintes par elle-même. F.M.T. sont les initiales de son nom de baptême : Marie-Françoise-Thérèse. Elle se représente elle-même par la fleur qu'illumine l'étoile, sur le blason de droite.
Ci-contre : Thérèse au carmel, où elle était chargée de l'instruction des novices.
Ci-dessous : calligraphiées par la Bienheureuse, les principales dates de sa courte vie.

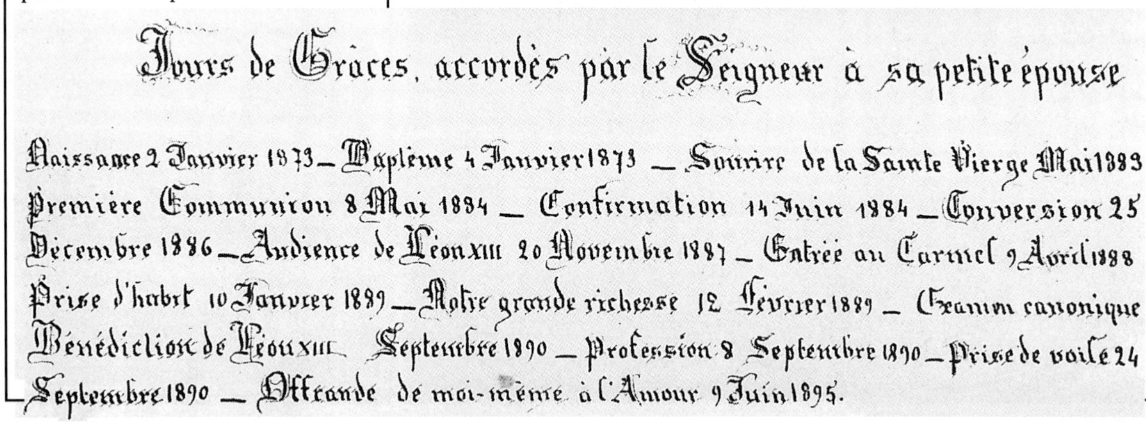

Jours de Grâces, accordés par le Seigneur à sa petite épouse

Naissance 2 Janvier 1873 – Baptême 4 Janvier 1873 – Sourire de la Sainte Vierge Mai 1883
Première Communion 8 Mai 1884 – Confirmation 14 Juin 1884 – Conversion 25
Décembre 1886 – Audience de Léon XIII 20 Novembre 1887 – Entrée au Carmel 9 Avril 1888
Prise d'habit 10 Janvier 1889 – Notre grande richesse 12 Février 1889 – Examen canonique
Bénédiction de Léon XIII Septembre 1890 – Profession 8 Septembre 1890 – Prise de voile 24
Septembre 1890 – Offrande de moi-même à l'Amour 9 Juin 1895.

Une année de cérémonies

Dès l'annonce par le pape de la béatification, Mgr Lemonnier, évêque de Bayeux et de Lisieux, fait solennellement transporter les restes de Thérèse au couvent du carmel, où ils vont désormais reposer. Et les 6, 7 et 8 août, des milliers de pèlerins, dont trois cardinaux, se réunissent pour un triduum, durant lequel les cérémonies ont lieu chaque jour dans une église différente de la ville. A Paris, Notre-Dame-des-Victoires, pour laquelle la Bienheureuse avait une dévotion particulière, est également le lieu de solennités. Un monument lui est élevé à Alençon, sa ville natale, dans l'église où Thérèse fut baptisée.

Les prélats de l'église de la Miséricorde à Lisieux, où vient de se chanter un Te Deum *en l'honneur de Thérèse, le 6 août.*
La couverture du Pèlerin *montre Thérèse fillette, jetant des fleurs au passage du Saint-Sacrement.*
Une des dernières photos de Thérèse, peu de temps avant que la phtisie ne l'emporte.

50e Année — N° 2410 HEBDOMADAIRE : 20 centimes (Etranger : 25 cent.) Dimanche 3 Juin 1923

Le Pèlerin

REVUE ILLUSTRÉE DE LA SEMAINE

Un an : France 10 fr. -- Etranger 15 fr. -- Pèlerin et Croix 4 pages 38 f. : Croix 6 pages 54 f.

Chèques postaux : MAISON DE LA BONNE PRESSE, compte-courant N° 1668-PARIS
RÉDACTION & ADMINISTRATION — 5, RUE BAYARD — PARIS-VIIIe

La petite Thérèse Martin, la future Carmélite, jette des fleurs devant le Saint Sacrement.
(Dessin de Lecoultre, d'après un dessin du Carmel de Lisieux.)

Centenaire d'Ernest Renan

A six mois d'intervalle, la France célèbre le centenaire de la naissance d'Ernest Renan. Le 28 février, dans le grand amphithéâtre du collège de France en présence de M. Millerand, président de la République et le 4 septembre à Tréguier, dans les côtes du Nord, avec M. Poincaré, président du Conseil. C'est dans cette ville que naquit Ernest Renan, le grand historien des religions si contesté au siècle dernier.

« Un homme incomparable, si grand que (bien qu'ici tout doive être jugé du point de vue de la science positive) je ne voudrais pas contredire ceux qui, frappés du caractère exceptionnel de son œuvre, l'appellent Dieu (...) ». Tollé général. La leçon inaugurale d'Ernest Renan ce 11 janvier 1862 au Collège de France, provoque un énorme scandale. Quatre jours plus tard, son cours est suspendu.
Qui est-il cet audacieux pour oser, en plein second Empire bien pensant, semer le doute et le désordre dans le grand ordre religieux ?
Un homme doublement coupable d'avoir renoncé à la prêtrise et de s'être élevé aux plus hauts grades de l'Université grâce aux bourses d'Etat.

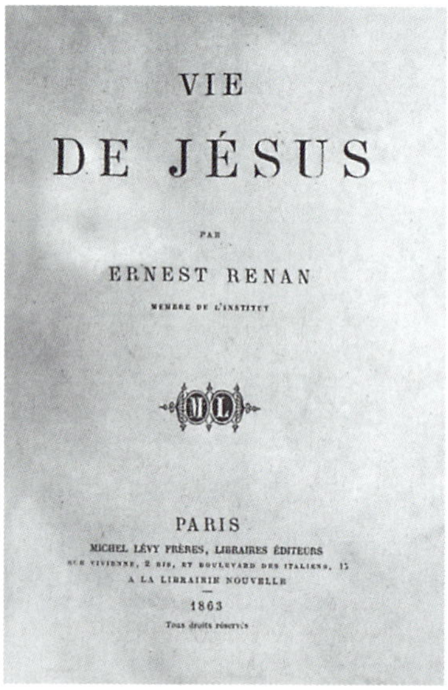
VIE DE JÉSUS

PAR

ERNEST RENAN

MEMBRE DE L'INSTITUT

PARIS

MICHEL LÉVY FRÈRES, LIBRAIRES ÉDITEURS

RUE VIVIENNE, 2 BIS, ET BOULEVARD DES ITALIENS, 15

A LA LIBRAIRIE NOUVELLE

1863

Tous droits réservés

Ernest Renan dans sa vaste bibliothèque aux rayonnages bondés de livres et à droite, en famille, dans le jardin de sa maison de Tréguier. La sortie de la Vie de Jésus, *premier volume d'une* Histoire du christianisme *qui en comptera sept, bénéficia d'un succès impressionnant. Renan y exprime les interrogations que tout croyant ou incroyant doit se poser face aux dogmes religieux soumis aux aléas et incertitudes de l'histoire.*

le refuser par la seule raison raisonnante.
Après son agrégation puis son doctorat de philosophie, envoyé par le gouvernement impérial en Syrie, il bifurque par la Palestine, d'où naîtra sa *Vie de Jésus,* publiée en 1983, dont le succès sera retentissant.
Entre-temps, survient l'incident de sa nomination au Collège de France, poste qu'il récupère avec les honneurs à la chute du second Empire. Académicien, administrateur du collège de France, auteur d'une œuvre gigantesque, c'est l'érudit, le penseur et l'humaniste des religions, à qui la République et ses premiers élus rendent solennellement hommage cette année.

Ci-dessus : sa maison natale et le cabinet de travail qui le connut séminariste adolescent (en haut, à gauche).
28 février : Inauguration à Tréguier de la statue représentant Renan en sage vieillard assis aux pieds de l'allégorie du savoir triomphant.

4 septembre : Devant une garde d'honneur baïonnettes aux fusils, Madame Noémie Renan-Psichari, fille d'Ernest Renan, se rend à la maison natale de son père à Tréguier, où va se dérouler une cérémonie officielle en présence du président du Conseil.

Ernest Renan, orphelin à cinq ans d'un père capitaine au long cours, quitte son Tréguier natal puis, balloté de séminaires en séminaires, le voici qui aboutit à celui de la place Saint-Sulpice à Paris.
C'est là que tout se gâte. Après avoir appris la philosophie, la théologie, les études bibliques et suivi parallèlement au Collège de France des cours d'hébreu et d'histoire religieuse, Ernest Renan claque la porte de Saint-Sulpice. Il se refuse d'être un béni-oui-oui des dogmes de l'exégèse catholique. En esprit scientifique et rationnel, il veut comprendre, déchirer l'écran des acquis religieux, accéder à Dieu ou

Quand les grands jouent au ballon

Les concurrents du douzième Grand Prix de l'Aéro-Club prennent le départ le 13 mai au jardin des Tuileries. C'est l'occasion d'une pittoresque reconstitution : celle de la première ascension en aérostat à gaz, le 1er décembre 1783, par le physicien Jacques Charles (dont on célèbre cette année le centième anniversaire de la mort) et son assistant Nicolas Robert. Dans une nacelle qui copie celle de Charles, le comte de la Vaulx et M. Gasnier de Fresne prennent place en costume de l'époque. Ils ont par ailleurs organisé une exposition, inaugurée le 11 mai, dans les salons de l'Aéro-Club. Une plaque commémorant l'ascension de Charles et Robert est apposée aux Tuileries.
Le départ de l'épreuve est contrarié par une pluie persistante et par une violente bourrasque qui détruit au sol cinq ballons. Ceux qui réussissent à s'envoler sont poussés vers l'Est par un vent violent ; alourdis par la pluie et traversant de forts grains mêlés de neige, ils ne pourront tenir l'air bien longtemps. Ils atterrissent, pour la plupart, en Seine-et-Marne ou dans la Marne dès le lendemain. Le prix revient à Moineau qui, pilotant « Vieilles-Tiges », s'est posé à Grimancourt, près de Commercy, dans la Meuse, à 230 kilomètres de Paris.

Ci-contre : un aéronaute agite son mouchoir après un départ difficile. Ci-dessous : les concurrents ont des discussions animées pendant les opérations de gonflement des ballons à l'hydrogène.

M. Laurent-Eynac, dont le moins lourd que l'air est décidément la passion, prononce ici le discours d'inauguration de la plaque à la mémoire de Charles et Robert.

Ci-dessous : le comte de la Vaulx (à gauche) et M. Gasnier de Fresne dans la nacelle. Ils atterriront près de Tournan, en Seine-et-Marne, et dîneront chez le comte de Brenon, au château du Chemin, dans leur costume dix-huitième.

Ci-dessus : Paulhan et Moineau, le futur vainqueur, sur le « Vieilles-Tiges ».

Mariage princier en Grande-Bretagne

Le 26 avril, sous une pluie fine dans laquelle les Londoniens s'accordent à voir un heureux présage, l'archevêque de Cantorbery célèbre à Westminster Abbey, le mariage du prince Albert Frédéric Arthur George, baron Killarney, comte d'Inverness et duc d'York, second fils du roi d'Angleterre, avec lady Elisabeth Bowes-Lyon, fille du comte de Strathmore et Kinghorne.

La capitale britannique est en liesse et, durant toute la semaine, les journaux d'Outre-Manche ont vanté la beauté de la nouvelle altesse royale et la noblesse de sa famille, ainsi que la simplicité du duc d'York, et le courage qu'il a montré pendant la guerre, comme enseigne de vaisseau – il a participé à la bataille du Jutland –, puis comme pilote de la Royal Air Force.

Les jeunes époux commencent leur lune de miel dans le Surrey, avant de se rendre en Ecosse au château de Glamis, fief ancestral de la famille de la nouvelle duchesse, puis d'entreprendre un assez long voyage sur le continent.

Bobbies et Horse-guards contiennent la foule immense qui s'est amassée sur le passage du cortège. Toute l'Angleterre participe à l'événement.

Pour obtenir les meilleurs places, certains n'ont pas hésité à se lever au milieu de la nuit. L'amour des Anglais pour la famille royale explique bien la stabilité des institutions de la plus vieille monarchie constitutionnelle du monde.

Entrée des artistes

La musique est à l'honneur avec l'installation à Paris de Prokofieff et la première pièce dodécaphonique : l'opus 23 d'Arnold Schoenberg. Epstein, Feyder, Abel Gance avec *La Roue,* Cecil B. de Mille avec *Les dix commandements* illustrent le septième art. Au théâtre, une efflorescence prometteuse qui ne fait pas oublier la mort de Sarah Bernhardt.

Bonnes fortunes
Mary Pickford n'est pas seulement célèbre pour son physique de femme-enfant qui la fait surnommer « la petite fiancée du monde ». Elle est aussi une femme d'affaires immensément riche, co-fondatrice avec D.-W. Griffith, C. Chaplin et D. Fairbanks des Artistes associés. Cette année, elle invite aux Etats-Unis Ernst Lubitsch et tourne sous sa direction *Rosita*, d'après *Don César de Bazan* de d'Ennery.

Devenu une vedette grâce au film de Charlie Chaplin *Le Kid,* le petit Jackie Coogan, que l'on voit ici dans *Oliver Twist,* gagne, à neuf ans, plus de quatre millions de dollars par an. L'alliance du septième art et de l'argent est solidement scellée...

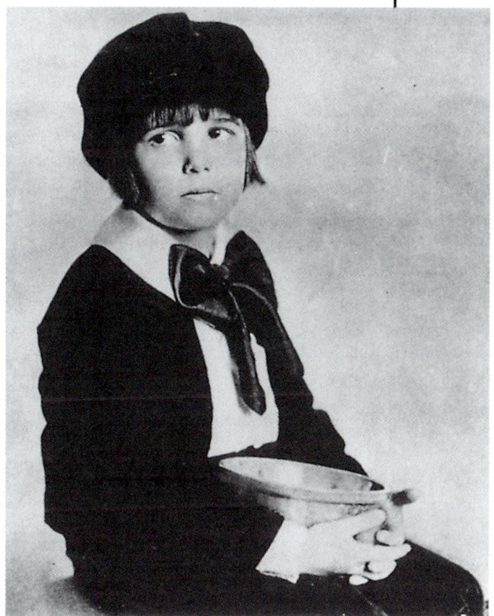

A toute vapeur
Auréolé de gloire depuis son oratorio *Le roi David* (1921), Arthur Honegger donne cette année au monde musical un mouvement symphonique qui ajoute encore à sa célébrité : le fameux *Pacific 231.*

Une plume pour les clowns
Paul, François et Albert Fratellini, le trio de clowns le plus célèbre de France, trouvent leur biographe en la personne de Pierre Mariel.

En verve
Année faste pour Harold Lloyd qui nous donne deux films : *Monte là-dessus*, de Fred Newmeyer et Sam Taylor et, ci-dessous, des mêmes, *Faut pas s'en faire*, où l'acrobatique vedette a une manière bien à lui d'utiliser un fauteuil d'infirme...

Le premier René Clair
Sur la recommandation de Jacques de Baroncelli, le producteur Henri Diamant-Berger confie à un jeune auteur, René Clair, la direction de *Paris qui dort*, avec Madeleine Rodrigue, Henri Rollan et Albert Préjean. Le film ne sortira qu'en 1924.

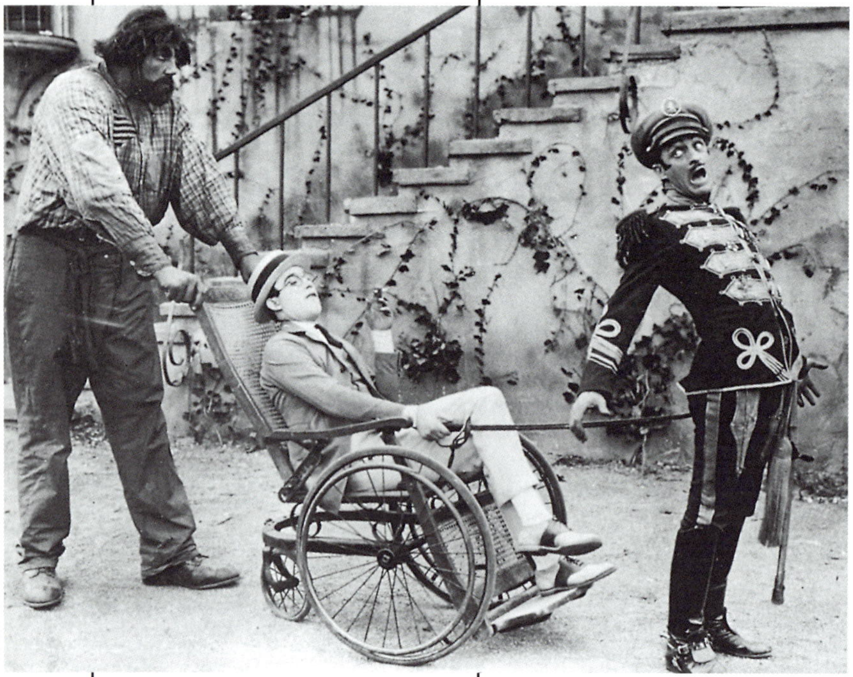

Un jeune théâtre
Ce *Bulletin d'Art dramatique* est consacré au Théâtre de La Chimère, fondé en 1922 par Gaston Baty. Il y monte des pièces qui reflètent sa philosophie, influencée par l'expressionnisme allemand.

L'« amant du monde »...
Rudolph Valentino vient d'épouser Winifred Shaunessy, dite Natacha Rambova, décoratrice et metteur en scène. Le couple arrive à Paris, le 15 août. Le Tout-Paris du spectacle leur réserve le meilleur accueil.

L'enfant prodigue
Le célèbre ténor Lucien Muratore, qui fait une grande carrière en Amérique, n'a pas oublié son pays. Il revient le 14 avril à l'Opéra-Comique, où, lors d'une représentation triomphale, il interprète le rôle d'Ulysse, dans *Pénélope* de Gabriel Fauré, en présence du compositeur.

Le boulevard
C'est au Théâtre de la Potinière que l'on peut applaudir la gracieuse et piquante Alice Cocea dans le rôle d'Armande, dans *Pouche*, pièce de René Péter et Henri Falk.

Lubitsch à Hollywood
La diversité d'inspiration d'Ernst Lubitsch est remarquable. Dès 1919 il s'est rendu célèbre pour ses films historiques – ainsi *Madame du Barry* ou *Anne Boleyn*. Il y revient avec *La femme du Pharaon*, où il dirige Emil Jannings. Le film sort à Paris en mai et ravit un public friand de reconstitutions et de superproductions. Il est vrai que Toutankhamon est à la mode...

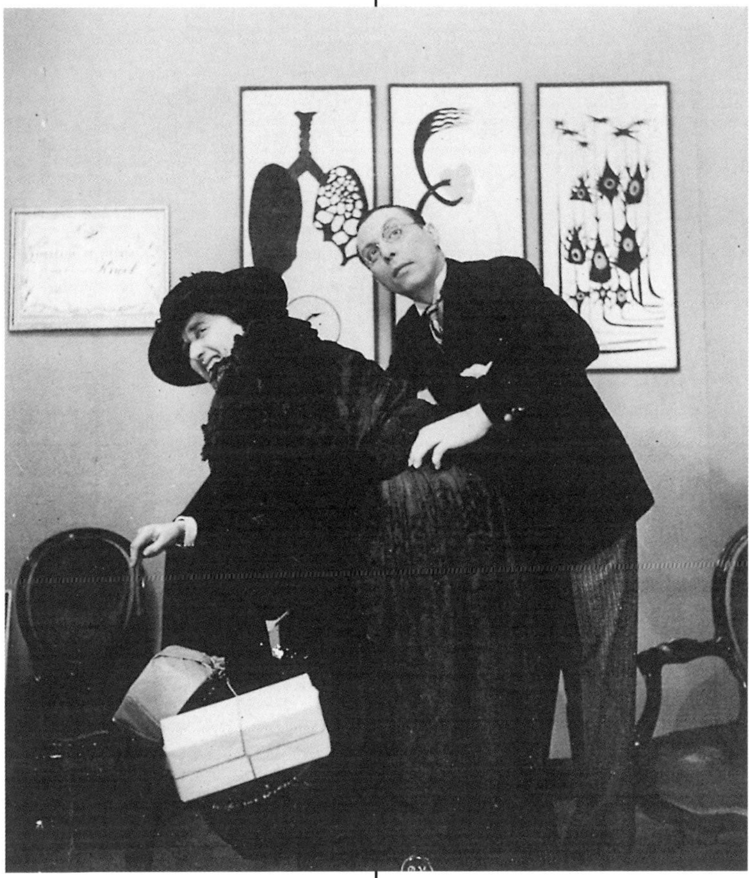

Triomphe de la médecine
Pour Louis Jouvet, installé désormais à la Comédie des Champs-Elysées, les débuts sont matériellement difficiles.
Aussi l'immense succès qu'il obtient avec *Knock ou le triomphe de la médecine,* de Jules Romains, est-il le bien venu, aussi bien que la consécration officielle d'un géant de la scène.

« The Duke »
Les amateurs de jazz commencent à beaucoup parler d'un jeune homme de vingt-quatre ans, Edward Kennedy, qui joue du piano et compose prolifiquement sous le nom de Duke Ellington. Il réalise cette année, à New York, ses premiers enregistrements, et commence à réunir les compagnons de l'orchestre qui s'appellera bientôt les *Washingtonians.*

Théâtre-école
Fondateur du théâtre du Vieux-Colombier, où il invita un temps Louis Jouvet, Jacques Copeau est très soucieux de pédagogie. Aussi a-t-il adjoint à son théâtre une école où les conférenciers peuvent développer leurs théories esthétiques.

Un grand cru de Feyder
Après le succès de *L'Atlantide* (1921), puis celui, cette année, de *Crainquebille*, Jacques Feyder dirige Jean Toulout et le jeune Jean Forest dans *Visages d'enfants*, un film où éclate pleinement le classicisme et la rigueur d'un talent que Grémillon définit ainsi : « Le réalisme psychologique étayé sur une croyance obstinée dans la réalité du monde extérieur ».

Japonais international
Après Hollywood, où il a tourné avec Cecil B. de Mille, voici Sessue Hayakawa en Europe, pour *La Bataille*, un film d'Edouard E. Violet adapté du roman de Claude Farrère : la tragédie d'un officier qui place plus haut que le sien propre l'honneur de son pays.

Brillante Mistinguett
Ci-dessus, affiche pour Mistinguett, qui joue dans *Paris qui brille* au Casino de Paris.

Un terrible personnage
René Navarre s'est fait connaître pour son jeu diabolique et félin dans le *Fantômas* de Feuillade, il y a dix ans. Quel rôle pourrait mieux lui convenir dès lors que celui de Vidocq, dans le film de Jean Kemm ?

Emouvant souvenir
Ceux qui ont depuis longtemps collectionné la revue *Le Théâtre* peuvent à bon droit s'émouvoir devant le numéro spécial d'avril 1900. Sarah Bernhardt, vingt-trois ans avant sa disparition, joue la célèbre scène de la mort du duc de Reichstadt, au sixième acte de l'*Aiglon* d'Edmond Rostand. Une des innombrables morts d'une immortelle...

Un roi détrôné
Les grands comiques américains ont définitivement supplanté Max Linder dans le cœur des foules. Et pourtant il tourne maintenant en Amérique et y produit ses meilleurs films : *Soyez ma femme*, l'*Etroit mousquetaire*, et, ici, *Sept ans de malheur*. Les publics ne « marchent » plus guère, quoique les autres acteurs lui rendent un indirect « hommage » en lui volant ses gags. Et la neurasthénie, peu à peu, s'empare du grand acteur...
Ci-contre, une affiche signée José Zamora pour le Ba-ta-clan, café-concert spécialisé dans la revue à grand spectacle, et sis au 50, boulevard Voltaire.

Fête à Amboise
Le 28 juin, dans le parc de Chanteloup, près d'Amboise, les sociétaires de la Comédie Française, Cécile Sorel (que l'on voit ici avec Jacques Fenoux) en tête, jouent le second acte du *Mariage de Figaro.* C'est dans ce parc qu'eut lieu, en effet, en 1774, l'aventure entre le duc et la duchesse de Choiseul qui fournit à Beaumarchais le sujet de sa pièce.

Ci-dessus, le numéro de Noël de *Le Théâtre et Comoedia illustré* : Germaine Gallois, vedette de la Gaîté-Lyrique, vient de triompher dans *Amour de princesse.* Le même numéro publie in extenso *La nouvelle Héloïse* d'Alfred Savoir.

Ci-dessous, ce tableau, d'après une photo de Waléry, reproduit dans la *Revue des Folies-Bergère,* montre la scène finale d'*Un souper chez la Païva,* avec Susy Béryl dans le rôle de la Païva et Jean Devalde dans celui d'Edmond About.

Les petits lits blancs
Organisé par *l'Intransigeant* et placé sous le haut-patronnage du président de la République, le « bal des petits lits blancs », œuvre reconnue d'utilité publique – danse rime avec bienfaisance –, obtient le 25 janvier son succès annuel, au Théâtre des Champs-Elysées.

L'Art et la matière

Il y a Paris et Berlin, deux capitales des Arts, deux conceptions opposées. Outre-Rhin règne le diktat du Bauhaus de Weimar, qui expose les œuvres de ses « artisans supérieurs », où le pinceau suit les règles rigides du trusquin. Paris est plus bohème, ruche à idées et fourmillante d'abeilles qui butinent à toutes les palettes. Les unes ont fait leur temps : impressionnisme et fauvisme sont dépassés. Demeure le cubisme avec son pape, Pablo Picasso, qui, depuis qu'il s'est embourgeoisé, ne rechigne pas à quelques écarts vers le réalisme et ses réalités. En fait, la marmite artistique bout moins que ces années dernières. Dada se meurt, les abstraits continuent leur lancée.

Peintre modèle
Marie-Clémentine, dit Maria, puis Suzanne Valadon, débute dans la peinture comme modèle. De la pose, elle passe au dessin et Degas apprécie son coup de crayon « souple et méchant ». Puis elle se lance résolument dans la peinture.
Instinctive et autodidacte, elle se fait très vite remarquer par son « trait ferme et appuyé, la densité des couleurs cernées de noir », qui caractérisent son réalisme. Elle enfante un fils : Utrillo et de nombreuses œuvres, dont *La chambre bleue,* ci-dessous. (Propriété du Musée national d'Art moderne.)

Tzara par Delaunay
Curieusement, en cette année fatale pour le mouvement Dada, Robert Delaunay sort un portrait de l'intrépide chef de file zurichois : Tristan Tzara.
Est-ce de la part de Delaunay, toujours en pleine phase d'hésitation et de recherches depuis son retour d'Espagne où il séjourna pendant la guerre, un hommage rendu à celui qui demeure l'un des chantres et pionniers de la remise en cause systématique de toutes les formes d'art à travers le monde ? Qui sait ? l'auteur et le modèle restent muets à ce sujet.

L'artisan supérieur
« L'artiste est un artisan supérieur... », telle est la devise érigée en loi, du Bauhaus, l'école d'enseignement artistique créée en 1919 à Weimar. L'affiche de Joost Schmidt, commandée par le Bauhaus pour son exposition de 1923, illustre le style constructiviste prôné par cette école.

Le Klee des chats
Dessinateur virtuose. Paul Klee commence à se signaler dans la peinture sur verre, technique chère à l'imagerie populaire suisse, son pays d'origine.
Puis le voici bifurquant vers l'abstrait, célébrant cosmos et animaux, d'où naît cette aquarelle sur papier : le *Mont du chat sacré.*

Muse nue...
Depuis que Derain (ci-contre, dans son grand atelier avec un modèle), au zénith de sa renommée, possède pignon sur rue et carnet de commandes, le figuratif l'a emporté sur les multiples courants : impressionnisme, fauvisme, cubisme, art nègre, qui ont influencé son œuvre passée.
Son classicisme nouveau s'imprègne de la culture des musées et aborde le nu. Ce *Nu devant le rideau* est de 1923. (Collection du Musée national d'Art moderne.)
L'éclectisme de André Derain, le conduit à s'intéresser aux décors et costumes de théâtre, genre qu'il délaisse un peu, malgré les nombreuses demandes qui lui sont parvenues depuis ses créations pour *La Boutique fantasque* de Rossini.

... Musette vêtue
Le romantisme pudique et pudibond vit encore de beaux jours en cette année où l'art officiel ne désarme pas. Ainsi le peintre Emile Aubry expose-t-il cette *Musette dans le costume de ...* (Société des Artistes français, 1923.)

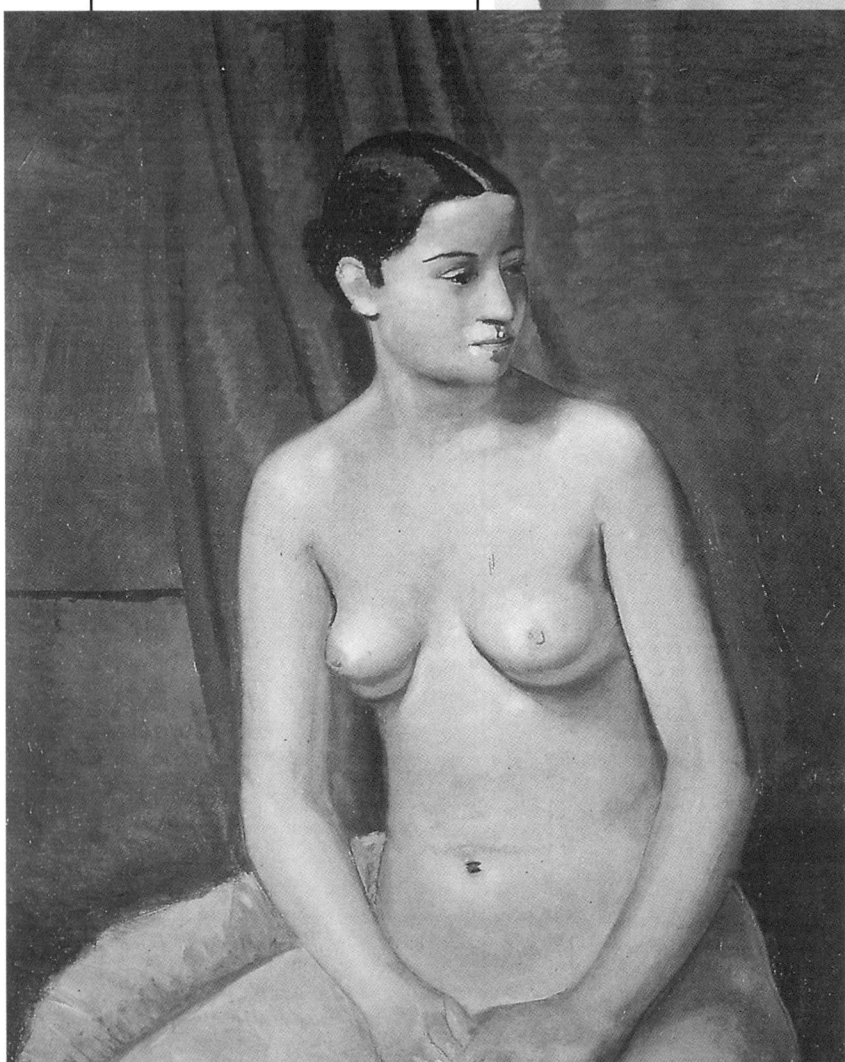

Chasse et portrait
Ci-contre : *La Chasse,* toile abstraite du peintre Monteiro. (Musée national d'Art moderne.)
Ci-dessous : portrait de Gustave Courtois, peintre de l'art « officiel », décédé en 1923.

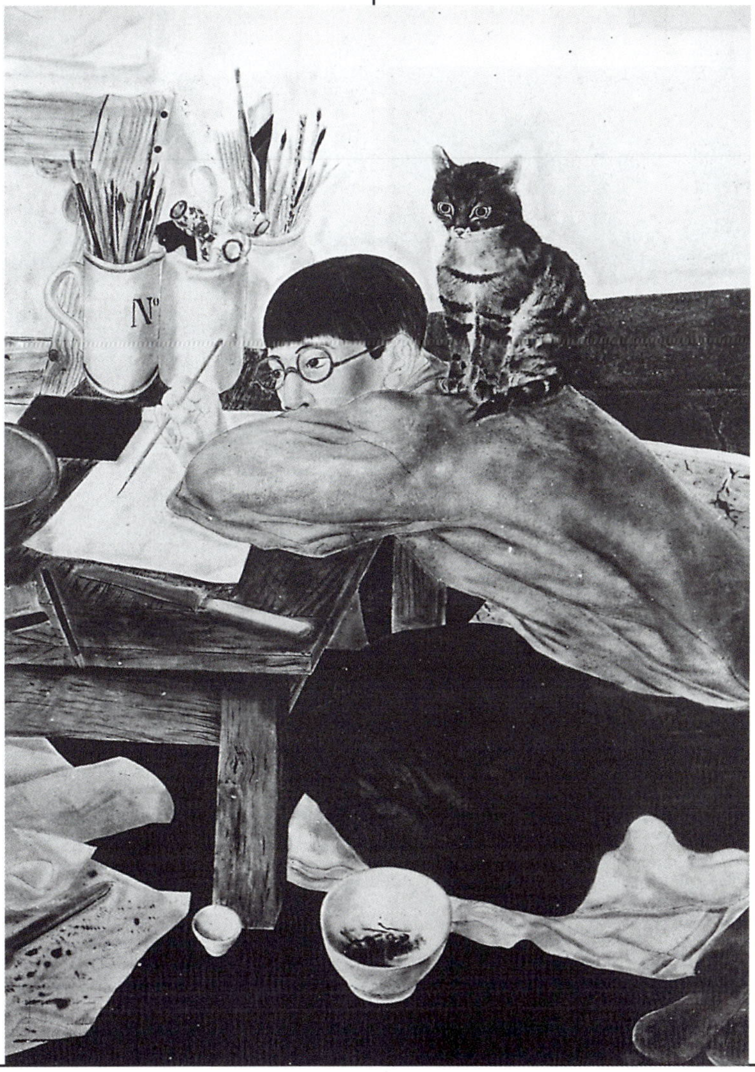

Chat perché
Haute figure du Montparnasse artistique, Fujita Tsuguharu s'est déjaponisé pour être le très parisien peintre connu sous le nom de Foujita.
Sa vie s'est en même temps que ses yeux, débridée, et si la délicatesse, l'élégance, le raffinement de sa peinture rappelle encore ses origines extrême-orientales, ses facéties quotidiennes évoquent davantage le « Titi » de « Paname ». Le voici représenté par lui-même, assis à la japonaise. Oh, l'heureux chat perché sur ses épaules !

Le Maître des Nymphéas
Claude Monet est l'un des rares peintres, avec Renoir et Degas, à avoir eu le bonheur de voir ses tableaux exposés au Louvre de son vivant : quatorze de ses toiles y furent en effet présentées en 1914. Agé de soixante-dix-neuf ans, retiré dans sa « maison jardin » de Giverny, le peintre a accepté de poser pour la postérité devant l'une de ses œuvres majeures : Les *Nymphéas,* qu'il a léguée à l'Etat l'an dernier et dont il a choisi l'emplacement dans la rotonde de l'Orangerie aux Tuileries.

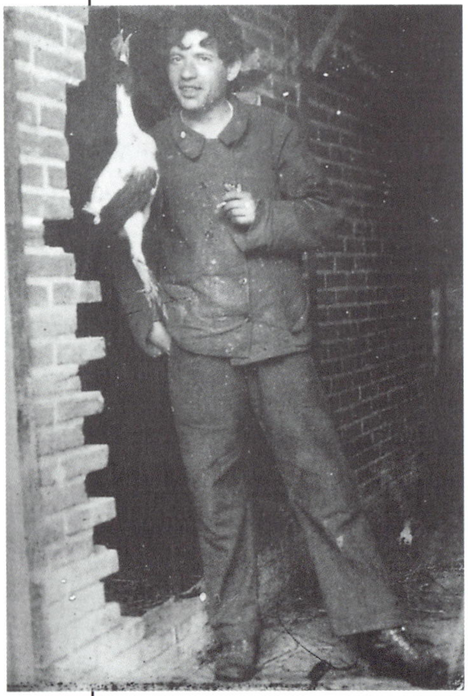

L'émule de Modigliani
De ses origines modestes, juives et lituaniennes, Chaïm Soutine (ci-dessus), conserve l'humour et l'esprit bohème. Propulsé à Paris, hébergé un temps par le sculpteur Mietschaninoff, dont il peint le portrait. C'est de Modigliani qu'il subit l'influence en peinture. (Musée national d'Art moderne.)

Les dadas de Ray
Après une brève période cubiste, Man Ray, devient un dadaïste effréné. Se passionnant tout aussi bien pour la peinture que pour la photo et le cinéma, il allie tous ces talents au service d'une œuvre qui se signale par ses trouvailles ludiques.
Inventeur des « aérographes », peintures au pistolet avec pochoirs divers, des « rayographes » et « rayogrammes », sortes d'instantanés d'objets posés directement sur papier sensible, il refuse d'appartenir à aucun genre. Mais il sera néanmoins l'un des adeptes du nouveau courant abstrait.
Cette toile intitulée *De quoi écrire un poème,* en est un témoignage. (Collection Juliet Man Ray.)

Marie pleine de grâce
Amie d'Apollinaire, au départ fervente cubiste, Marie Laurencin opère sa mutation dès les années vingt.
Portraitiste très demandée, elle peint volontiers ses proches et amis. Ci-contre, le portrait de *Jeanne Salmon,* épouse de l'écrivain André Salmon, témoin sagace de la vie littéraire et artistique. (Musée national d'Art moderne.)

Signé Signac
Peintre et écrivain, auteur de nombreux traités sur le divisionnisme, Paul Signac, ci-dessous dans son atelier, est un membre actif de la *Société des artistes indépendants.* Navigateur passionné, la mer est omniprésente dans ses œuvres, hymnes à la pureté des jeux de lumières et de couleurs.

Arlequinades
Sa collaboration aux décors des Ballets russes opère chez Pablo Picasso un retour aux personnages de ses œuvres de jeunesse.
Réapparaissent alors sur ses toiles des thèmes de la bouffonnerie épique, comme cet *Arlequin* (Musée national d'Art moderne). Le climat euphorique d'après-guerre, son mariage avec la très bourgeoise Olga Kokhlova, sa réussite et sa vie mondaine contribuent à la conversion réaliste de Picasso.
Virage cependant très relatif, car dans le même temps, celui que Léon Bakst qualifie de « passéiste à dessein », continue de peindre des natures mortes dans la pure tradition cubiste.

Le choix de Dufy
Peintre décoratif au style léger, emprunt de grâce et d'humour, Raoul Dufy s'inspire également de thèmes « baroquisants » tel *Le Théâtre antique à Taormine.* (Musée national d'Art moderne.)

Le peintre chroniqueur
Illustrateur de livres et de journaux, Jean Oberlé peint aussi des portraits, dont celui de Max Jacob, ci-dessus. (Musée d'Orléans.)

Tradition
Fils et frère de peintres, Paul Albert Laurens continue la tradition familiale par de grandes fresques historiques, des paysages monumentaux, dans le goût encore très conservateur des années vingt.
Le portrait d'André Gide et cette toile, *L'artiste et sa famille* témoignent de sa facture résolument figurative. (Musée national d'Art moderne.)

Mort du « sauveur »
Au terme d'une longue carrière, le peintre Albert Dawant vient de s'éteindre à l'âge de soixante et onze ans.
Ci-dessous : son portrait et l'une de ses œuvres la plus célèbre, *Le Sauvetage,* primé au salon de 1889.

Lecomte au tombeau
La Grèce, l'Egypte et le Moyen Orient qu'il a connus, ont été les grandes sources d'inspiration du peintre et sculpteur français Jules Jean Antoine Lecomte Du Noüy, décédé cette année.
Son œuvre fut tout entière consacrée aux thèmes orientalistes de l'Antiquité, comme cette toile monumentale représentant *Les Chrétiens au Tombeau de la Vierge.*

Les paysages de Kokoschka
A Vienne, sa capitale d'origine, puis à Berlin et enfin à Dresde où il est, depuis 1917, professeur à l'Académie des Beaux Arts, Oskar Kokoschka est l'un des expressionnistes parmi les plus cotés outre-Rhin. Depuis quelques années, Kokoshka élargit sa palette aux grands espaces.
Ci-dessus : *Paysage de l'Elbe à Dresde.* (Museum Folkwang de Essen.)

Changements de caps
Après avoir flirté avec l'impressionnisme, le fauvisme et le cubisme, Auguste Herbin se cherche encore. Ce *Paysage méridional* surprend chez un Herbin converti depuis peu à l'abstrait. (Musée national d'Art moderne.)

Le peintre s'affiche
Suisse, il s'était fait naturaliser Français. Normal quand on s'affiche sur les murs de Paris ! Théophile Alexandre Steinlen vient de mourir. Peintre et graveur de talent, il avait été le boute-en-train du milieu montmartrois. Témoin attentif de son temps, il en était l'interprète avec humour et réalisme, alimentant de ses dessins les revues satiriques et couvrant les murs de ses affiches.
Ci-contre et ci-dessous : affiche pour *L'Assommoir* de Zola au Théâtre de la Porte Saint-Martin ; dessin intitulé *Fleuristes ambulants sur les boulevards extérieurs.*

Inventaire

La mutation continue et devient galopante. Hier réclame, aujourd'hui publicité, l'information commerciale progresse plus vite que les besoins du public. Mais celui-ci, remis des plaies de la guerre, réceptif aux agréments de la vie, se laisse séduire par les sirènes de la consommation. Le pouvoir d'achat se transforme en vouloir d'achat, sous l'impulsion de la publicité devenue stratégie commerciale. Radio, affiches, petites annonces instillent dans les esprits cette notion nouvelle et importante : plus l'on vend, moins on vend cher.

L'homme chic choisit lui-même ses vêtements (ci-dessus). Il porte haut-de-forme et col cassé à l'anglaise, mais pour le confort de ses petons, il préfère la fantaisie, avec *Borea*, la chaussette gaie d'Italie.
Rue Saint-Julien-le-Pauvre (à gauche), la publicité se lit au mètre carré.

Fumer des Bastos donne un avant-goût du grand large et un dépaysement venant d'Algérie. Tousser n'est rien, quand on consomme des cigarettes médaillées du mérite.

Au Salon de l'Auto, *Fabrikoïd* habille les sièges de voitures. Une nouvelle matière qui promet souplesse et confort. A faire craquer le cuir de jalousie.

Se chauffer moderne (ci-dessus), n'interdit pas de se protéger du froid. Le docteur Rasurel a prévu l'équipement complet : dessous et pantoufles compris, afin d'affronter l'hiver sans craindre les rhumes.

Waterman, le porte-plume en vogue qui encre sans prendre l'eau et sans faire de vagues. Idéal par toutes les intempéries sur papier imperméable.

Affiche du peintre Jean-Gabriel Domergue à la gloire de Régine Flory, effeuilleuse de l'année 23. (Musée de la publicité).

L'exposition a duré jusqu'au 17 décembre. Une victoire pour la télégraphie sans fil ou T.S.F. et les sciences physiques, comme l'avait prévu le symbole ailé de l'affiche.

La publicité invite à boire pour le plaisir (ci-dessus), mais aussi pour guérir (ci-dessous).
Si l'Americano se consomme à grands verres entre joyeux convives des deux sexes, le remède des *Colonies de Chandron,* panacée de tous les maux, ne se prend qu'au goutte à goutte. Etant bien connu qu'il ne faut jamais abuser des bonnes choses.

Dans son catalogue, envoyé franco sur demande, la S.A.C.P., Société des Automobiles et Cycles Peugeot, propose ce bolide : la 10 HP Sport.

Elle fait tout, il suffit de savoir taper dessus. *Underwood,* c'est la fée comptable au cerveau électrique.

Visible au magasin d'exposition des Automobiles Voisin sur les Champs-Elysées, voici annoncée la 8 HP, grande victorieuse du Grand Prix et de nombreuses compétitions de voitures de course.

La publicité ne célèbre que les valeurs positives. Si elle chante l'art de vivre, elle excelle dans l'art de le dire. Les affiches sont de vraies œuvres d'artistes.
Innovation innove dans les bagages, la maîtresse de maison devient fée du logis avec ses lampions et le dessinateur Cappiello invite à consommer les fruits en sirop *Cirio.*

Idée fameuse que cette composition d'ombres chinoises opposées à la transparence du blanc. Là encore, la publicité fait mouche, tant pour la finesse du dessin que pour la définition du concept : le blanc, synonyme de voilages et du linge de maison, est habilement associé aux valeurs symboles de l'intimité du foyer : la mère, l'enfant, le chat et le rouet.

André Citroën, le célèbre et intrépide constructeur automobile, a le génie de la publicité. Les mauvaises langues disent qu'il a le culte de sa personnalité. Peu importe, c'est un homme qui vit avec son temps. L'an dernier, un avion inscrivait son sigle en lettres dans le ciel. Cette année, il utilise l'antenne de la Tour Eiffel pour diffuser ses slogans.

Le Salon de l'Automobile déchaîne la concurrence, mobilise les affichistes. Renault met l'accent sur ses nouveaux modèles décapotés avec volant à droite selon la mode anglaise. La Société Lorraine fait vibrer le patriotisme, en vantant ses *Lorraines* aux couleurs de la France.

La T.S.F. propose un nouveau gadget : des écouteurs qui permettent de suivre, à la puissance désirée, des émissions sans déranger les voisins.

Du « *Métrostyle* » qui se joue des difficultés du piano, en passant par les tapis d'Orient pour aboutir à la super 10 HP Peugeot, aucune marque, aucun produit n'échappe à la boulimie des publicités. C'est la loi du « séduire », celle qui régit le nouveau marché, fait vendre et réduit les prix.

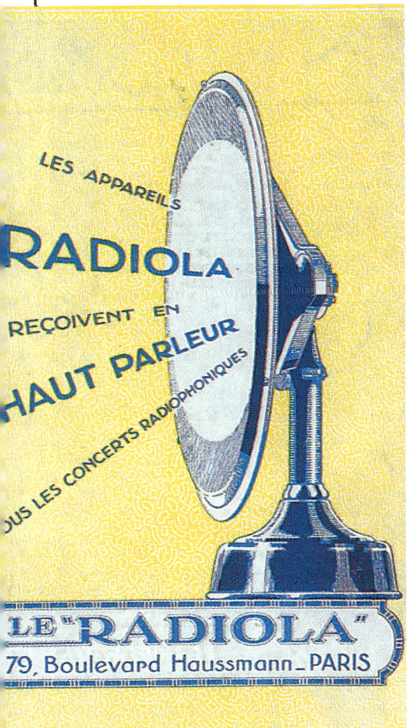

Il est des marques si célèbres, qu'on les assimile aux produits. *Radiola* s'est imposée à grand renfort de réclame, comme roi des postes de radio et des haut-parleurs « grande fidélité ». « Qui dit radio, dit Radiola », entend-on à longueur de journées sur les ondes.

Révolution pour la ménagère : l'*Aspiror,* balai électrique lancé par la Société Calor. Devinette : la publicité annonce que « Ceci tuera cela ! », mais s'agit-il seulement du balai ou du valet de chambre avec ?

Les airs du temps

Et l'on chante et l'on danse. Une boulimie s'empare de tous les airs, de tous les rythmes venus d'ici ou d'autres pays. Théâtres et music-halls font salles combles. Opérettes, jazz, valses, fox-trot, tangos et sambas célèbrent la joie de vivre et la victoire de l'éternel amour. Paris vit des soirées trépidantes.

Amour, jazz et charleston
Consécration pour le parolier A. Willemetz, dont la dernière création triomphe dans la nouvelle revue du Casino de Paris.
L'amour, toujours l'amour, se dit « love » aux Etats-Unis, d'où nous arrive ce *So this is Love,* qui fait valser New York.
Joséphine Baker se trémousse dans *La Folie du Jour* au rythme de charlestons endiablés sur la scène des Folies Bergères.
Le jazz fait fureur et l'on s'arrache ce nouvel album de Barney Google comme un disque de collection.

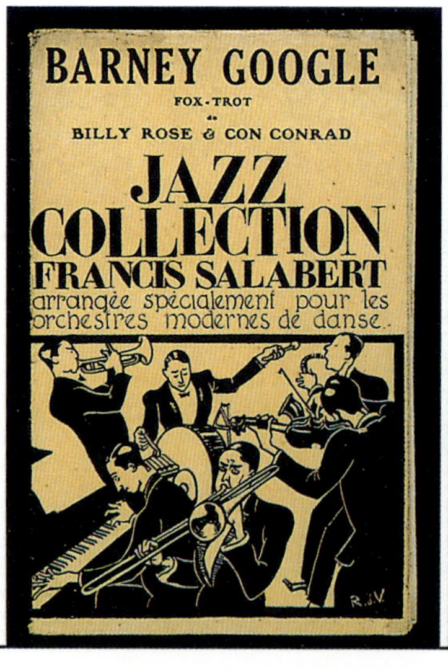

***Ciboulette* mène la valse**
La valse reste reine avec *Ciboulette,* la nouvelle opérette de Reynaldo Hahn, sur un livret de Robert de Flers et Francis de Croisset. S'inspirant d'un style populaire, mais de ton aimable et sans vulgarité, *Ciboulette* fait salle comble depuis sa création au Théâtre des Variétés.

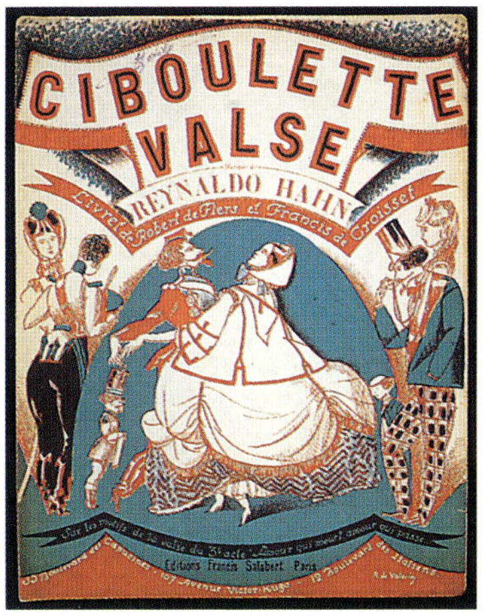

Copain-Copine
Si l'on veut faire *Copain-Copine,* un piano, une voix et deux cœurs suffisent pour faire d'une chanson un refrain à succès.

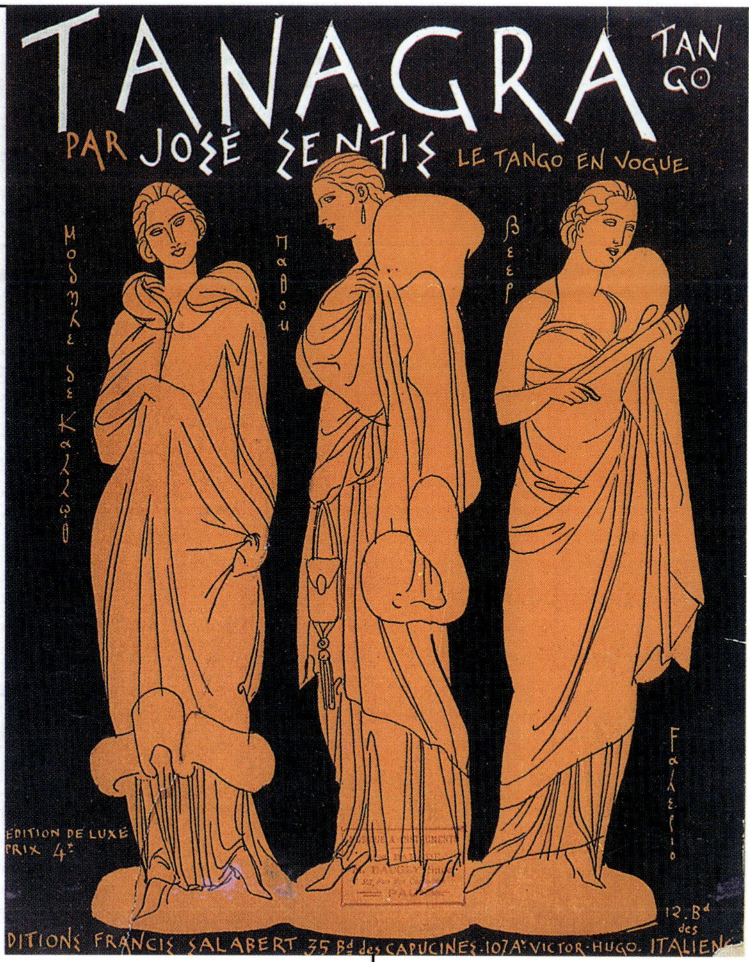

Danses d'ici, parfums d'ailleurs
On danse le fox-trot aux accents d'Arabie, le tango aux sons des violes grecques antiques et la samba au rythme déchaîné des sud-américains du Brésil.
L'exotisme est à la mode et l'on troque volontiers son costume étroit ou sa robe de chez Lanvin, pour une tenue de Touareg, un voile de cariatide ou les passementeries chamarrées brésiliennes.

Le monde en deuil de Sarah Bernhardt

Le 18 décembre 1922, Sarah Bernhardt, souffrante depuis longtemps, manque la répétition générale d' *Un sujet de roman,* de Sacha Guitry. La Grande tragédienne ne se remettra pas. Elle meurt le 26 mars 1923, dans son hôtel particulier du boulevard Pereire, devant lequel, dès la veille, de nombreux admirateurs s'étaient massés, anxieux. Le Tout-Paris des lettres et des arts salue la dépouille mortelle, sous la poitrine de laquelle est épinglée la croix d'officier de la Légion d'honneur. Les funérailles de « l'idole », imposantes, sont organisées par la ville de Paris. La cérémonie religieuse est célébrée en l'église Saint-François de Sales, et une foule immense accompagne l'artiste jusqu'à sa dernière demeure au Père-Lachaise.

Ci-contre : portrait de Sarah Bernhardt en couverture d'un numéro spécial de la revue Le Théâtre.

A droite : affiche de Mucha, de 1896, pour La Dame aux camélias, *au Théâtre de la Renaissance, que la tragédienne dirigeait depuis 1893.*

Ci-dessous : Sarah Bernhardt revenant, pour la dernière fois l'été précédent, de Belle-Ile, où elle passait ses vacances dans le castel qu'elle avait aménagé « au-dessus des rochers gigantesques et du bouillonnement de la mer, dans un décor chaotique digne de Shakespeare ou de Hugo ». (Robert de Beauplan dans l'*Illustration* du 31 mars.)

L'Aiglon, Phèdre, doña Sol, Lorenzaccio... autant de triomphes. Celle que Victor Hugo appelait « la voix d'or » avait aussi bien joué en Scandinavie qu'en Australie, à Saint-Pétersbourg qu'aux Etats-Unis...

Elle n'avait pas peur de la mort et aimait s'étendre dans le cercueil en bois de rose doublé de satin blanc qu'elle avait fait faire. Il portait simplement les initiales S.B. et sa devise : « Quand même ». Celle du courage : toute sa vie, Sarah Bernhardt avait été de santé fragile. Elle avait subi l'amputation d'une jambe en 1915. Mais son indomptable énergie dominait tout et la soutint jusqu'à sa fin, à soixante-dix-huit ans.

En haut : Sarah Bernhardt chez elle avec son chien ; à droite : sa broche, datant de 1896, année de son apothéose, lorsqu'Edmond Rostand et d'autres poètes l'avaient consacrée, le 9 novembre, « Reine de l'attitude et Princesse du geste ».

Ci-dessus : peintre et sculpteur à ses heures, elle inspira aussi d'innombrables peintres.

Ci-contre : Le fameux cercueil de Sarah Bernhardt et son âge inspirent aussi bien les journaux satiriques : dans ce numéro spécial de La vie en rose : soleil couchant, *L. Métivet la montre entourée de Mounet-Sully avec qui elle obtint un triomphe dans* Hernani, *et Edmond Rostand, sous la rubrique « Les grandes courtisanes vieillissantes »...*

Ci-dessous : dessin de Madame Schneider.

Ces petites filles devant la porte de l'église rappellent que c'est à douze ans que Sarah Bernhardt monta sur les planches, dans son pensionnat : elle jouait devant l'évêque de Versailles, et voulait se faire religieuse. Le duc de Morny l'encouragea à faire du théâtre, et sa protection lui permit, malgré un second prix de tragédie (!) au Conservatoire de rentrer à la Comédie Française.

Anatole France (ci-dessus) et la comtesse Anna de Noailles (ci-contre) arrivant boulevard Pereire pour se recueillir devant la dépouille de la tragédienne.

Max Dearly, sortant de l'hôtel particulier après avoir rendu un dernier hommage à la tragédienne, semble vouloir préserver l'émotion qui l'étreint de la curiosité des reporters de l' Excelsior. *Il est des sentiments sacrés...*

Imposant cortège, énorme foule ; sur le chemin du cimetière, l'on fera halte devant le Théâtre Sarah Bernhardt, où la fenêtre de sa loge est voilée de crêpe. Et surtout des fleurs, des fleurs, des fleurs, éphémère témoignage d'immortalité.

La tension monte dans la Ruhr occupée

Depuis le traité de Versailles, l'Allemagne tergiverse pour retarder, voire obtenir l'annulation du remboursement de ses dettes. Après les conférences de Cannes et de Gênes, elle avoue, le 12 juillet 1922, être dans l'incapacité de payer. Raymond Poincaré accepte de mauvaise grâce de lui accorder un nouveau moratoire, en contrepartie d'un « gage productif » constitué par les mines de la Ruhr. C'est alors que tout se gâte.

Calme avant la tempête. A Bochum, ville industrielle de la Ruhr, les soldats français et belges quadrillent les rues, renforcent leurs défenses autour des usines et manufactures. C'est ici qu'éclate la première révolte allemande contre les occupants.

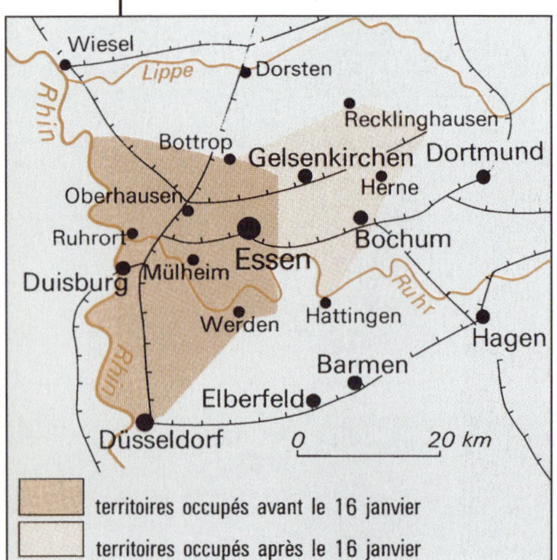

Ci-dessus : configuration géographique du bassin de la Ruhr avant et après le 16 janvier, date d'occupation par les troupes franco-belges. A droite : scène du quotidien à Essen pendant l'occupation où voitures blindées et soldats font partie du nouveau paysage.

L'orage commence à gronder le 9 décembre 1922, où les chefs de gouvernements alliés, réunis en conférence à Londres, reçoivent une lettre du chancelier allemand Wilhelm Cuno qui demande à nouveau un report de remboursement des réparations, assorti d'un prêt pour l'aider à redresser l'économie de son pays.

Raymond Poincaré est d'autant plus irrité par cette missive outrecuidante que l'Allemagne, par ailleurs, rechigne à assumer pleinement son « gage productif », concernant notamment la livraison de poteaux télégraphiques en bois

dont le nombre est très inférieur à celui qui avait été prévu. Ce qui arrache ce mot venimeux à l'ambassadeur britannique Hardinge en poste à Paris : « M. Poincaré n'est pas un chef de gouvernement, c'est un chef de contentieux. »
Mais notre président du Conseil ne désarme pas. Après avoir plusieurs fois mis en garde les Allemands et constaté en janvier de cette année, lors de la commission des réparations de guerre, que l'Allemagne a pris également du retard dans ses livraisons de charbon, il décide d'occuper la Ruhr.
Le 11 du même mois, la France et la Belgique mobilisent conjointement leurs troupes. Infanterie et artillerie – en tout soixante mille hommes – pénètrent dans Essen et Gelsenkirchen, deux villes situées hors des zones d'occupation fixées par le traité de Versailles. Les Alliés prétextent que leurs soldats n'ont d'autre mission que d'assurer l'ordre et la sécurité des techniciens chargés d'exploiter les mines de charbon. Mais en quelques jours, ce sont les deux tiers de la région industrielle de la Ruhr qui passent sous le contrôle franco-belge.
Evidemment, l'Allemagne proteste, crie à la « violation de son territoire » pour finalement se résoudre à adopter la stratégie de la « résistance passive », c'est-à-dire l'arrêt de toute activité en faveur du « gage productif » tant que les régions de la Ruhr « indûment occupées » ne seront pas libérées.

Une mitraillette et quatre soldats belges en poste dans un trou retranché. A quoi pensent-ils ? Au froid de l'hiver allemand, à la mission qui consiste à assurer le bon déroulement de l'extraction du charbon, stocké ici dans une gare de triage de la Ruhr ?
Allez donc savoir. Ce que savent en revanche les populations des zones occupées, c'est qu'elles ont faim, comme en témoigne cette ruée sur un cadavre de cheval tombé d'épuisement dans la rue.

La situation s'envenime

Conséquence immédiate : la France durcit ses positions et décrète le 17 janvier la main-mise sur le bois, le charbon et les installations industrielles, avec suppression des salaires et des droits des sociétés privées. Le 27, une frontière douanière isole la Ruhr du reste du territoire allemand.

Survient alors l'incident de Bochum, ville dans laquelle cinq cents manifestants allemands narguent les troupes d'occupation par des chansons anti-françaises. Malgré les mots d'ordre très stricts du général Degoutte, commandant en chef des armées du Rhin, invitant ses officiers à garder leur sang-froid face aux populations, des soldats tirent sur les émeutiers, provoquant la mort d'un jeune lycéen. De part et d'autre, la tension monte. Sabotages, provocations, délations sont le lot quotidien.

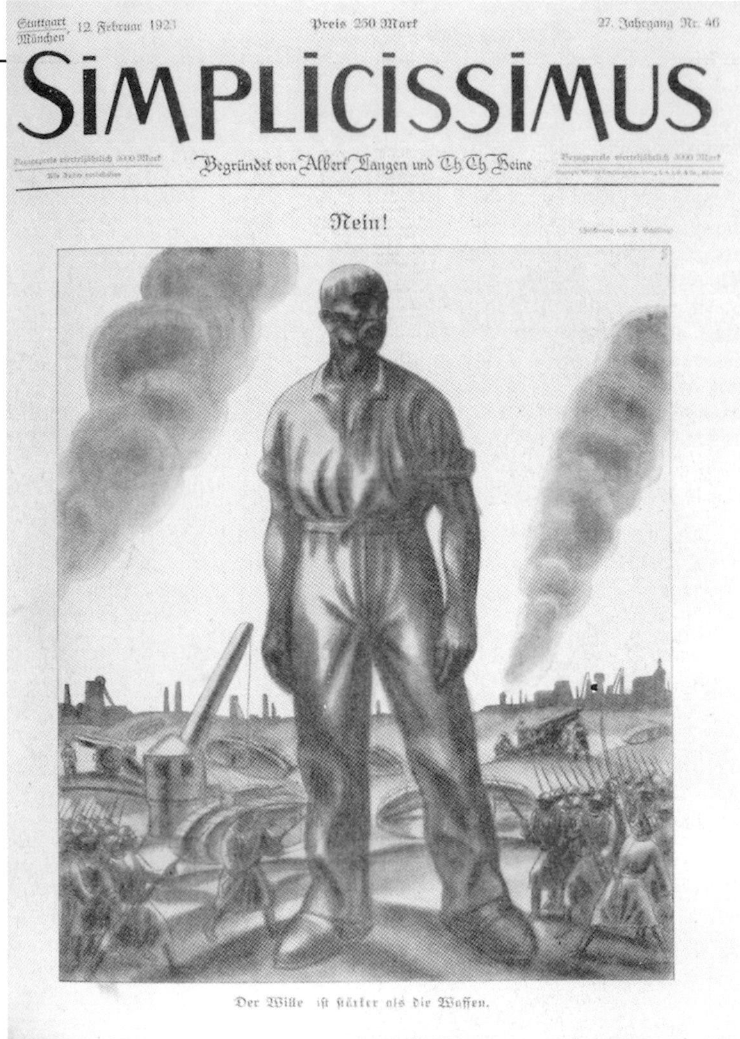

Ci-contre : d'un côté l'armée d'occupation : ses soldats et ses officiers, dont le commandant en chef est le général français Degoutte.
De l'autre, les occupés (au milieu, à gauche et ci-dessus). Occupés à protester à travers des revues où s'exalte leur patriotisme, ou à patienter seaux en main, pour avoir leur ration d'eau souvent coupée en raison des grèves.

La situation se dégrade tellement au fil des jours que, le 1er mars, la peine de mort est pour la première fois envisagée contre les opposants allemands.
Les sabotages sont si nombreux que cent cinquante mille cheminots et leurs familles sont expulsés et conduits *manu militari* hors des frontières occupées. Pendant qu'à travers les autres territoires allemands s'organisent des comités d'hébergement pour l'accueil de ces « héros » de la résistance, deux soldats français sont assassinés le 12 mars par des clandestins. Autre journée noire de mars : la grève aux usines Krupp d'Essen où les ouvriers s'insurgent contre la réquisition de camions par les troupes d'occupation. Bilan tragique : treize morts et plus de trente blessés graves.
Tenaillée entre son inflation galopante et ses problèmes politiques intérieurs, l'Allemagne propose des compromis. La fin de l'année s'achève sur le régime de « l'occupation invisible ». Nos troupes sont toujours, pour le principe, dans la Ruhr, en attendant qu'une solution honorable justifie leur évacuation.

Le mark s'est effondré. C'est par malles entières (en haut) que la monnaie allemande, complètement dévaluée, se troque contre quelques dollars. Mais l'inflation n'est pas seulement monétaire. Les sabotages à l'encontre de l'occupant ayant épuisé tous leurs effets, c'est à travers l'injure et l'ironie que les Allemands expriment leur colère.
Ci-contre : la caricature bat son plein, rien n'est trop fort ni trop vulgaire pour décocher des flèches.

Weimar l'année de tous les dangers

Depuis le 9 novembre 1918, l'Allemagne est une République, dite République de Weimar, car c'est dans cette ville que fut promulguée la constitution toujours en vigueur. Si l'exécutif est entre les mains du président, l'actuel chancelier, M. Cuno, assure la liaison avec les assemblées du Reichstag, où tous les anciens états autonomes, dont la Prusse, sont représentés au prorata de leur population. C'est dire combien elles sont influentes.
En résulte une fragilité gouvernementale d'autant plus accrue qu'à l'occupation de la Ruhr viennent se greffer une inflation sans précé-

Entouré de deux miliciens S.A., Adolphe Hitler, chef du parti national-socialiste, pavoise à Munich, ne sachant pas encore qu'il vient de perdre la partie de « bras de fer ».

Le putsch échoue. Hitler – que l'on voit ici (ci-contre) en compagnie de Pernet, Weber, Frid, Briebel, Ludendorff, Brudner, Rohm et Wagner –, s'enfuit, est rattrapé deux jours plus tard, arrêté et emprisonné. Ludendorff subit le même sort, mais les S.A. restent libres.

Comme l'annonce le Volkischer Beobachter, *quotidien bavarois acquis à la cause nazie, Hitler et le général Ludendorff, ancien chef d'Etat major du maréchal Hindenburg, ont décrété, ce 9 novembre, la création d'une dictature populaire. Le coup de force a eu lieu dans une brasserie munichoise.*

„Freiheit und Brot"

·230. Ausgabe · 37. Jahrgang

München, Freitag, 9. November 1923

VÖLKISCHER BEOBACHTER

Kampfblatt der nationalsozialistischen Bewegung Großdeutschlands

Preis: M. 8000000000, ausw. M. 10000000000
Bezugspreis für Österreich: Einzeln mmer 1200 Kr

Proklamation einer deutschen Nationalregierung in München

Hitler und Ludendorff übernehmen die völkische Diktatur, Kahr und Pöhner die Regierung von Bayern

Der Sieg des Hakenkreuzes

Ein düsterer, regnerischer Novemberabend ...

Anfang der Erlösung des deutschen Volkes. Nun auf zum Marsch nach Berlin, nicht eher dürfen wir im ersten Anlauf uns eine Ruhepause gönnen, bevor nicht von dem altehrwürdigen Berliner Schlosse

Proklamation an das deutsche Volk!

Die Regierung der Novemberverbrecher in Berlin ist heute für ab-

wogendes Leben auf den Straßen. Überall freudig erregte Gesichter, man merkte es der Bevölkerung deutlich an, daß sie wie von einem Alpdruck erlöst aufatmete ...

An das deutsche Volk!

Am 9. November 1918 wurde das um sein Dasein kämpfende deutsche Volk hinterrücks über-

En mars, une ordonnance décide la suppression de son parti pour atteinte à la sûreté de l'État. Peu lui importe. Dans le même temps l'inflation galope. En janvier, le dollar s'échangeait à 7 260 marks, en octobre, il « vaut » 40 milliards de marks. Le 16, le gouvernement allemand crée une monnaie provisoire, le rentenmark.
Le 24 octobre, un soulèvement communiste est de justesse réprimé à Hambourg. En novembre, l'inflation est jugulée et c'est le 8 que Hitler tente un putsch ; il est arrêté et emprisonné. Mais ses troupes, les S.A., sont présentes et actives et l'année se termine dans une agitation croissante. La République allemande, affaiblie, est profondément divisée.

dent, des émeutes dues à la pénurie de certaines denrées de première nécessité, sans parler des désordres provoqués par des groupes et partis d'opposition.
Communistes et nationaux-socialistes, s'ils sont ennemis jurés et d'idéologies radicalement contraires, tentent chacun à leur façon de déstabiliser, voire de renverser le gouvernement en place. La méthode communiste est celle de la semi-clandestinité, ses militants étant impitoyablement pourchassés dans une Allemagne résolument capitaliste, dont certains, parmi des dirigeants et des nantis, ne voient pas d'un mauvais œil s'affirmer la montée du national-socialisme d'Adolphe Hitler.
Hitler demande purement et simplement l'annulation du traité de paix, au cours d'un congrès à Munich les 27 et 29 janvier.

Apparue dès avant 1923 sur l'ancien drapeau du Reich (en haut), la svastika, ou croix gammée, devient le symbole de la bannière nazie. Elle s'impose officiellement pour la première fois aux côtés des drapeaux des « Casques d'Acier », au cours du défilé célébrant, cette année à Halle, le « jour allemand », en présence de toutes les organisations nationalistes (ci-dessus).
Le lieutenant Erhardt, commandant des brigades motorisées qui portent son nom (ci-contre) est un inconditionnel de Hitler et farouche ennemi des communistes et des socialistes, contre lesquels il s'illustra à plusieurs reprises et notamment lors de leur tentative de prise de pouvoir cette année, en Saxe et en Thuringe.

Nuages noirs...

Au Tournoi des Cinq Nations, l'Angleterre triomphe avec quatre victoires. Elle domine son sujet grâce à la redoutable paire de demis Kershaw-Davies. Quant au Quinze de France, il se retrouve dernier, à égalité avec l'Irlande et Galles. Après la victoire des Tricolores à Dublin trois ans plus tôt, la deuxième place de 1921 (victoires sur l'Irlande et l'Ecosse) et le match nul réussi à Twikenham en 1922, on espérait beaucoup.

Mais les Tricolores retrouvent le chemin de la désillusion. A Colombes, les Gallois l'emportent par 16 à 8. L'Angleterre et l'Ecosse alourdissent la note : la France encaisse six essais.
Il faudra, pour sauver l'honneur, toute la lucidité de Jauréguy le maître à jouer du Stade Toulousain, qui, le 14 avril à Colombes, aplatira deux essais contre l'Irlande, deux autres étant marqués par Lalande et Béguet du Racing C.F.

24 février, la grande foule – 40 000 spectateurs à Swansca –, est prête à entonner « Terre de nos aïeux » *pour soutenir le Quinze du « poireau ». Arbitre : Mac Govern (Irlande).*

***Le Quinze Gallois** (en haut, à gauche) : J. Rees, T. Johnson, A. Jenkins, M.G. Thomas, R. Harding, W. Delahay, D. Jon, Parker (capitaine), G. Thomas, L. Jenkins, G. Michael, A. Baker, S. Moriss, D. Pascoe, M. Williams.*

***L'équipe de France** (ci-contre) : Clément, Lalande, H. Behotéguy, Ramis, A. Jauréguy, Lacazedieu, Dupont, Lasserre (capitaine), Etcheberry, Larrieu, Cassayet, Castets, Béguet, Bayard, Moureu.*

sur l'Ovalie

En haut : une phase du match T.O.E.C. contre le Stade Français qui perd par un essai de Griatterey. A l'issue des « poules de cinq », sont qualifiés pour la phase finale : Stade Toulousain, Racing C.F., Biarritz, Tarbes, Carcassonne et le futur vainqueur de Bayonne-Perpignan.

Au centre : un beau plongeon du demi de mêlée d'Albi, vainqueur de l'Olympique par un essai de Delabarre.

La conquête du ballon : phase fondamentale d'un match (ci-dessus) opposant Valence à Béziers.

Le rugby fait recette. A Colombes, venues admirer l'équipe de la Rose, 10 000 personnes sont restées dehors. Pourtant, Paris ne détient plus le monopole du jeu et du spectacle. A preuve, l'augmentation considérable du nombre des clubs de province. Le comité des Pyrénées détient le record avec un bond de 39 à 139. Pour l'ensemble du pays, on compte 881 clubs en 1923 contre 241 en 1919.
Le Languedoc, avec ses clubs vedettes – Perpignan, Béziers, Carcassonne et Lezignan –, est le théâtre de joutes spectaculaires et d'incidents très graves. Les années 20 marquent aussi l'apogée du Stade Toulousain et de sa fameuse équipe surnommée la « Vierge rouge ». Battue, en 1921, par Carcassonne mené d'une main de fer par Sébédio, « Le Sultan », l'équipe des Jauréguy, Struxiano, Borde remporte les deux finales suivantes contre le quinze de l'Aviron Bayonnais et des frères Behotéguy. Avec la montée de Pau, l'équilibre se rétablit entre l'Est et l'Ouest des Pyrénées.
Hélas, pèse sur le championnat une ambiance de corrida, qui fait dire à Géo André : « Petit à petit la crise du rugby s'accentue. Le jeu de nos équipes devient négatif, déplaisant, désordonné et brutal ». Neuf points au cours des deux dernières finales, c'est maigre pour régaler un public assoiffé de beau jeu.

Monaco en liesse

Année faste pour son Altesse Sérénissime le prince Louis II de Monaco, qui a succédé en Juin précédent à son père, Albert Ier : sa fille, la princesse héréditaire Charlotte, qui a épousé en 1920 le comte Pierre de Polignac – devenu de ce fait membre de la famille des Grimaldi, la loi salique n'existant pas sur la principauté –, lui donne le jeudi 31 mai un petit-fils : Rainier Louis Henri Maxence Bertrand.

En haut : Louis II, le jour de son avènement, suivi de sa fille Charlotte, duchesse de Valentinois.
En médaillon : le prince est général de brigade de l'armée française, promu à ce grade le 28 juin 1922, deux jours après la mort de son père, alors qu'il servait comme colonel du IIIe Régiment étranger, en haute Silésie.
A droite : la princesse Charlotte et le comte Pierre quittant la cathédrale de Monaco après la cérémonie.
Ci-contre : le 15 janvier, les électeurs de la principauté depuis trois générations – ils sont environ 700 – viennent acclamer leur prince. En 1911, Albert 1er avait aboli la souveraineté absolue.
Louis II offre le soir un banquet aux membres des conseils constitutionnel et communal.

Soixante-Sixième Année. — N° 3413. Le Numéro : 10 centimes. Mardi 5 Juin 1923.

JOURNAL DE MONACO

Journal Hebdomadaire — Bulletin Officiel de la Principauté — Paraissant le Mardi

ABONNEMENTS :	DIRECTION et RÉDACTION :	INSERTIONS :
Monaco — France — Algérie — Tunisie. Un an, 12 fr.; Six mois, 6 fr.; Trois mois, 3 fr. Pour l'Étranger, les frais de poste en sus. Les Abonnements partent des 1er et 16 de chaque mois.	au Ministère d'État. ADMINISTRATION : à l'Imprimerie de Monaco, place de la Visitation.	Annonces : 0 fr. 75 la ligne. Pour les autres insertions, on traite de gré à gré. S'adresser au Gérant, place de la Visitation.

Naissance d'un Prince dans la Famille Souveraine

« Annonciatrices d'une Naissance Auguste, les voix d'airain de nos églises ont fait retentir leurs notes triomphales... A la majesté liturgique des *Te Deum,* aux splendeurs des illuminations, à l'envol joyeux des oriflammes, aux sonorités des marches triomphales, à toutes les manifestations officielles, auxquels tous les Monégasques ajoutent l'offrande intime de leur respectueuse sympathie pour la Famille Princière et de leurs vœux ardents pour cet Auguste Enfant, dont la grâce fragile est une promesse pour l'avenir. Vive le Prince Rainier! Vive nos bien-aimés Souverains! » C'est en ces termes qu'Alexandre Médecin, maire de Monaco, proclame la naissance du prince Rainier, dont la population a été informée par une salve de 21 coups de canons et les sonneries des cloches de la cathédrale et des paroisses de la Principauté.

En haut : l'annonce officielle de la naissance du prince Rainier dans le Journal de Monaco *du 5 juin 1923. Ci-dessus : le petit prince, emmitoufflé dans des langes somptueux, arrive à la cathédrale, pour y être baptisé, dans les bras de sa nurse, miss Wanstrel.*

Ci-contre : au sortir de la cathédrale le jour de la fête nationale – 17 janvier –, le prince Louis II et Mgr Bruley des Varannes, évêque de Monaco. Ci-dessous : le parrain de Rainier est son grand père Louis II; sa marraine, Son Altesse Royale la duchesse de Vendôme.

Le tout jeune prince est l'héritier d'un état de 148 hectares (195 aujourd'hui). Les ressources dues au tourisme et au Casino de Monte-Carlo, sont telles que les impôts n'existent pas. Point non plus de service militaire. C'est aussi un haut lieu sportif, culturel et scientifique : le musée océanographique, inauguré par Albert Ier en 1910 est célèbre dans le monde entier. Les heureux privilégiés de ce petit paradis sont cependant fort peu nombreux. Le recensement en date du 1er janvier 1923, paru dans le *Journal de Monaco,* fait état de 22 153 habitants, dont 1 417 monégasques contre 8 890 Français, 8 865 Italiens et 1 379 Anglais. C'est du monde entier que l'on vient chercher ici la vie rêvée, puisque l'on compte aussi un Finlandais, deux Mexicains et un Japonais...

Monaco, Printemps - Eté 1923

A quai, le Thionville attend la visite du prince Pierre et de la princesse Charlotte.

Au fond, l'Amerigo Vespucci, navire école de la Marine Royale italienne.

A l'exposition canine : aux petites filles, petits chiens ; aux grandes personnes, grands chiens.

Deux candidats au concours d'élégance, et un prix mérité pour le roadster Hispano-Suiza.

Retrouvailles en blanc au Tennis Club pour Mmes Lenglen, Ryan, Horvett, Mallory et MM. Poulain et Crawford.

Au tir au pigeon, attente et concentration avant... de faire mieux que le précédent concurrent.

Trois des canots automobiles engagés dans le concours annuel. Les Baglietto I et II et, en pleine action, le Vienna I.

A la Une des journaux

Si une hirondelle ne fait pas le printemps, la Une des quotidiens orchestre la pluie et le beau temps. De l'actualité s'entend, dont elle est la vitrine, le baromètre, l'instantané palpitant. Du drame à l'heureux événement, de l'exploit à l'abominable, tout ce qui domine le quotidien apparaît à la Une.

SAISON 1923

RENTRÉE DU PROFESSEUR LLOYD GEORGE
ET DE SA FAMEUSE TROUPE DE CONFÉRENCIERS MONDAINS
qui continueront leur tournée sensationnelle à travers le monde

Prince de l'onde
Grâce au prince Louis de Broglie, (ci-dessus), inventeur d'une longueur d'onde qui porte son nom, la tour Eiffel parle. Du moins transmet-elle informations et musique, par l'intermédiaire d'une station radiotélégraphique installée au sommet de son armature. Ironie du sort : la tour ne diffusera pas la voix de son maître, Gustave Eiffel, qui vient de mourir.

Devoir royal
« Lorsque l'enfant paraît, je me sauve », dit l'imprévisible Tristan Bernard.
Impossible au roi Alexandre Ier de Yougoslavie d'échapper aux devoirs de la paternité. Son fils qui vient de naître, ici, dans les bras de sa maman, la reine Marie, est non seulement prince, mais dauphin, héritier d'un trône très compromis par la dualité serbo-croate.

Le magnifique retable de R. Van der Weyden intitulé : Le Jugement dernier, *a quitté provisoirement les Hospices de Beaune pour « L'exposition de l'art belge ancien et moderne ».*

Avec fleurs et couronnes

Jamais avant ce 15 septembre, la petite église du Chesnay n'avait accueilli autant de têtes couronnées.

Avec la bénédiction de Mgr Gibier, évêque de Versailles, la princesse Isabelle d'Orléans et le comte Bruno d'Harcourt ont prononcé le « oui » sacramentel qui les unit pour le meilleur et pour le pire. A l'issue de la cérémonie religieuse, les jeunes mariés, bras-dessus, bras-dessous, ont rejoint leurs parents et amis, au premier rang desquels la reine Amélie du Portugal.

Encore et toujours

La sempiternelle question du remboursement des dettes de guerre dues par l'Allemagne fait toujours la Une. Pour la vingt-septième fois depuis la signature du traité de Versailles, les gouvernements alliés se réunissent le 2 janvier à Paris, afin de tenter de s'accorder sur une solution. Le premier ministre britannique, M. Bonar Law, ci-dessous, le havane à la main à sa sortie du quai d'Orsay où se tient la conférence (accompagné de Lloyd Greame, son ministre du Commerce), propose un plan approuvé à l'unanimité.

Des gages de production, notamment dans la Ruhr, sont imposés à l'Allemagne et sanctions seront prises contre elle si elle ne s'en acquitte pas.

Un savant rayonnant

Wilhelm Conrad Röntgen, prix Nobel de Physique en 1901, vient de mourir. Des nombreuses découvertes de l'éminent savant allemand, la plus célèbre est sans aucun doute celle des rayons X. Leur implication dans la médecine va permettre le dépistage de graves maladies, jusqu'ici mortelles, faute d'avoir été soignées à temps.

Le lord aventurier

Son éternel cigare entre les lèvres, Sir Winston Churchill a le chic (anglais) pour provoquer, voire inventer l'actualité.

Son premier coup de génie, à l'origine de sa célébrité, est son journal rédigé pendant sa captivité, alors qu'il était prisonnier des Boers au Transwaal.

Député et plusieurs fois ministre, farouche opposant et ami dévoué, Churchill a l'esprit vif et la dent dure. Ses mots font la joie des journalistes et le désespoir de ses adversaires politiques.

Plaidoyer
Convoqué le 4 mai par la commission des réparations de guerre, le comte Bethlen, président du Conseil hongrois (ci-dessus), est venu de Budapest plaider la cause de son pays.

Le chancelier chancelle
Des émeutes sanglantes à travers toute l'Allemagne ont accompagné la démission du chancelier Cuno, le 12 août, remplacé par le chef du parti populiste : M. Stresemann (ci-dessous).
Sa tâche n'est pas facile, malgré la confiance que lui accorde le président de la République, M. Ebert. L'occupation de la Rhur, une inflation démentielle, la montée du fascisme hitlérien, la menace communiste, voilà quelques-uns parmi les nombreux problèmes que le nouveau chancelier devra très rapidement résoudre.

Bilan
Lors de sa visite à Paris, M. Garbit, (ci-dessous), gouverneur de Madagascar, a évoqué le bilan très positif de l'île, depuis vingt-huit ans colonie de la France. La modernisation des moyens de communication, l'essor gigantesque de son économie – de 22 millions de francs en 1897, l'activité commerciale est passée à 300 millions de francs aujourd'hui –, font de ce pays, l'un des fleurons de nos possessions stratégiques au sud-est de l'Afrique.

Le « roi soldat »
Chaque apparition du couple royal de Belgique provoque vivats, sympathie et admiration. Pour les Belges et le monde entier, Albert 1er, ci-dessous aux côtés de la reine Elisabeth, son épouse, est le « roi soldat ».
Sa dignité parfaite et son courage pendant la guerre, le rangent parmi les héros légendaires.

Royale visite
A la Une, le portrait de Sa Majesté, Wilhelmine, reine des Pays-Bas, en visite officielle à Paris, accompagnée de sa fille Juliana.

Te Deum
Major général des armées alliées pendant la bataille de France, puis général divisionnaire, Maxime Weygand eut l'honneur d'assister le futur maréchal Foch à la signature de l'armistice à Rethondes (8-11 novembre 1918). Nommé cette année haut-commissaire en Syrie, sa prise de fonction est célébrée par un *Te Deum* à l'église Saint-Louis de Ghazir (ci-dessus).

Libération
Souriant, son balluchon sur les épaules, André Marty (ci-dessous), sort de prison entouré de ses amis politiques. Ancien député communiste français, Marty dirigea la mutinerie d'Odessa en 1919, qui lui valut son incarcération.

La révolution permanente
Trotsky, ci-dessus caricaturé, prône de nouveau la révolution permanente et demande le fractionnement du parti bolchevique en Russie soviétique. Lénine s'oppose à sa requête. Qui des deux leaders l'emportera ? Le monde entier suit cette question de près.

Sport et politique
Le Grand prix automobile d'Europe, qui s'est déroulé le 10 septembre sur l'autodrome de Monza, en Italie, ne mettait pas des bolides en compétition. Pour Benito Mussolini, le nouveau président du Conseil italien, vaincre était affaire de prestige. Ce fut le cas, avec la victoire de l'écurie Fiat, à la joie des fascistes italiens réunis dans la tribune (ci-dessus).

Prix Femina
C'est à Jeanne Galzy, professeur au lycée de jeunes filles d'Amiens, que revient le succès du prix Femina pour son livre : *Les Allongés* (8 décembre).

Adios, el caballero !
Il était fier, il était grand, cavalier téméraire, révolutionnaire ardent, l'ami des faibles, des pauvres paysans, ces péones mexicains, dont étaient issus ses parents. Doroteo Arango, dit Francisco Villa, surnommé Pancho, ne sillonnera plus les pampas. Bien que retiré de la sédition, il gênait trop, sa gloire était une menace. On l'a assassiné. El caballero Pancho. Son sombrero, sa cartouchière et son cheval appartiennent désormais à l'histoire et à la légende.

Les étoiles meurent aussi
Edmond, Alphonse, Léon Buat, chef d'Etat major général des armées françaises, est mort ce matin 30 décembre, après un long coma.

Phénomène
Voici la plus grande locomotive du monde, sortie cette année des usines américaines de l'*Union Pacific Railways*.

Menace glacée
Ce gigantesque éperon de glace n'est que le quart de la face cachée de l'iceberg, un danger mortel pour la navigation. C'est ainsi que disparut le *Titanic* (14 avril 1912), victime de ces montagnes flottantes contre lesquelles des patrouilleurs américains spécialement armés, luttent depuis le 4 mai.

Six roues contre chenilles
Elles ne furent pas les vainqueurs, malgré leurs six roues révolutionnaires. Les voitures Renault durent en effet s'incliner devant les voitures Citroën équipées de chenilles, mieux adaptées au terrain mouvant et accidenté des dunes et des sables, au cours du raid Touggourt-Tombouctou qui s'est achevé le 7 janvier dernier.

Réformes scolaires
Chambardement dans le primaire et le secondaire, à la suite des décrets de M. Léon Bérard, ministre de l'Instruction publique. Outre que le certificat d'études comportera désormais deux sessions : l'une à l'âge de douze ans, l'autre à treize, l'entrée au lycée sera sanctionnée par un concours et l'enseignement du latin obligatoire.

Le chevalier du ciel
L'un des as de la chasse aérienne, avec quarante-cinq victoires homologuées pendant la guerre, Charles Nungesser pose, ci-dessus, aux côtés de sa fiancée, adossé à un Morane stationné à Orly.

Exhumation
La découverte par Lord Carnavon du tombeau de Toutankhamon, révèle chaque jour merveilles et surprises. Pour son voyage dans l'éternité, le pharaon s'était fait enterrer avec ses trésors que l'on exhume, caisse après caisse, avec la précaution et le respect dûs à des vestiges funèbres devenus pièces d'études archéologiques.

Que d'eau ! Que d'eau !

Les pieds dans l'eau
Jamais encore depuis les grandes crues de 1910, il n'avait autant plu en France. Aucune région n'a été épargnée par les trombes d'eau qui se sont déversées de fin février jusqu'à ces premières semaines de mars, où, malgré quelques accalmies, tout le monde guette avec inquiétude le ciel chargé de nuages.
Réuni en cabinet de crise, le gouvernement a débloqué des crédits et envoyé sur place personnel et main-d'œuvre qualifiés pour venir en aide aux régions les plus sinistrées.
Les grands fleuves ont dépassé leur niveau d'alerte. Les bords de la Loire, du Rhône ne sont plus qu'étangs où émergent toits de maisons, où voguent radeaux et embarcations de détresse.
Si la Seine, dont les berges ont été renforcées en 1910, offre à Paris un spectacle moins alarmant, en revanche, le long de son cours, banlieues et campagnes campent parfois sur des îlots improvisés (ci-dessus et ci-contre).

Quais submergés
La plupart des quais de Seine, comme celui du pont de l'Alma (ci-contre) sont submergés. Les usines et entrepôts riverains contribuent au refoulement des infiltrations provenant des égouts.
Ordre du gouvernement a été donné aux services de la navigation de procéder au colmatage des brèches des quais et à la surélévation des parapets dans les parties basses de la capitale. Au pont de la Tournelle, où la Seine a monté d'un demi mètre en vingt-quatre heures, une pompe d'urgence est entrée en service.
Alliant système D, entraide, courage et savoir-faire, aidés par la providence soudain surgie dans un ciel clair, les Français, milieu mars, se retrouvent enfin au sec.

Les airs du temps

Grande et petite musique sont complémentaires. La première se veut éternelle, la seconde n'est que refrains passe-temps. Mais c'est elle qui recueille les suffrages populaires, crée les vedettes auxquelles les cœurs s'attachent fidèlement.

Mômô et la Miss
Nos deux ambassadeurs de la chanson française occupent toujours l'avant-scène. Maurice Chevalier, avec son célèbre canotier, son smoking et son nœud papillon, lève la jambe aussi haut que les girls de son nouveau spectacle, *Syncopation,* créé par lui au Théâtre de l'Empire. Et notre Mistinguett nationale, dont la robe mexicaine dévoile le mollet précieux, serre chaleureusement son ami, le peintre japonais Foujita.

Petite et grande musiques
Alors qu'une foule de mélomanes inaugure, rue Au pain, à St-Germain-en-Laye, la plaque commémorative sur la façade de l'immeuble où est né le grand compositeur Claude Debussy, on fredonne sur les trottoirs de Paris chansons et chansonnettes d'un autre genre de musique.

Affiches et affichettes rappellent à grand renfort de réclame les airs qu'il faut connaître, les partitions qu'il faut jouer : *Aline et Alexis, Marionnette's, Ô Ma Gaby,* sont autant de titres célèbres qui rythment les bals populaires, ravissent les cousettes et toutes les midinettes.

Saint-Michel-du-Mont

Cette abbaye bénédictine, lieu de culte fondé au VIIIe siècle par Saint-Aubert, évêque d'Avranches, est défendue par un système de fortifications qui doit beaucoup à Saint Louis. Sa partie centrale, « la Merveille », qui complète les parties romanes, comprend l'église, le cloître et le réfectoire, et domine la mer de 78 mètres à sa base. Ses trois étages donnent à l'îlot sa silhouette unique, comme une prière montant vers le ciel.

L'enseigne, par Wagner Robion, de l'Hôtel Poulard, qui fait partie intégrante de la visite des lieux.

Le vainqueur du dragon
La statue de Saint-Michel terrassant le dragon est installée à la pointe de la flèche de l'église qui a été rendue au culte en 1922. Haute de 2,50 m, elle pèse 400 kg. Elle est à 156 mètres au-dessus du niveau de la mer, et la pointe de l'épée de l'archange sert de paratonnerre.

Un bourg fortifié
Ce sont les invasions vikings qui, forçant des familles à se réfugier sur l'îlot, donnèrent naissance au bourg. Celui-ci est fortifié peu à peu ; les travaux ne seront terminés qu'au XVe siècle. L'ouvrage avancé que l'on voit ci-dessus est la tour Saint-Gabriel : protégé par deux archanges, le mont est ainsi bien défendu.

Un lieu magique
Terminé en 1228 et restauré par Corroyer de 1877 à 1881, le cloître est long de 25 mètres et large de 14. Ses quatre galeries reposent sur 227 colonnettes, dont 137, en granit rose, sont disposées en double colonnade. L'ensemble est orné de tout un monde de bas-reliefs, d'inscriptions, de frises de vigne, de roses, d'acanthes, d'une finesse et d'une variété exceptionnelles, qui inspira jadis la méditation des moines, et fascine aujourd'hui les touristes-pèlerins.

Formes et volumes

Les matériaux étant chers, les œuvres souvent longues à réaliser, la sculpture demeure pieds et poings liés aux commandes. Et même si elle suit les courants novateurs, le cubisme notamment, les formes et les styles sont, dans ce domaine, toujours très classiques. Bustes, stèles et monuments funéraires expriment un art où l'audace avance à pas comptés. Rodin peut dormir sur ses deux oreilles.

Les animaux de Pompon
C'est l'an dernier, à l'âge de soixante-sept ans, que le sculpteur François Pompon connaît enfin la consécration, lors du Salon d'Automne, avec son *Ours blanc,* plâtre grandeur nature dont la pureté des formes force l'admiration. Longtemps émule de Rodin, Pompon a trouvé sa voie dans les thèmes animaliers.
Ce *Cerf,* magnifique de vérité, où s'expriment le dépouillement des détails au bénéfice de l'ampleur des formes, est caractéristique du style de Pompon.

Les femmes de Bernard
Pratiquant la technique de la taille directe, Joseph Bernard cisèle dans le bronze l'image féminine (à droite), son thème favori avec celui des faunes. Aquarelliste à ses heures, il a illustré *L'Ame et la Danse,* que Valéry publie cette année.

Les « Planites » de Malévitch
« l'Objet n'existe pas, seule compte l'existence du Rien ». Ainsi parle Kazimir Malévitch, peintre russo-ukrainien d'origine polonaise, philosophe de l'art et épris d'architecture. Contraste saisissant : aussi tortueux que peuvent être les cheminements de sa pensée, aussi simples et dépouillées d'artifices apparaissent ses œuvres, toiles et maquettes d'architecture. Ces dernières portent des noms pourtant hermétiques : « architectones », « planiste » (ci-contre, un modèle de 1923 appartenant au Centre Pompidou).
Maître très écouté, il fait école à l'Institut de la Culture picturale de Petrograd, après avoir professé à Moscou et à Vitebsk, où il a fondé, en 1919, le groupe « Affirmation du nouveau en Art ».

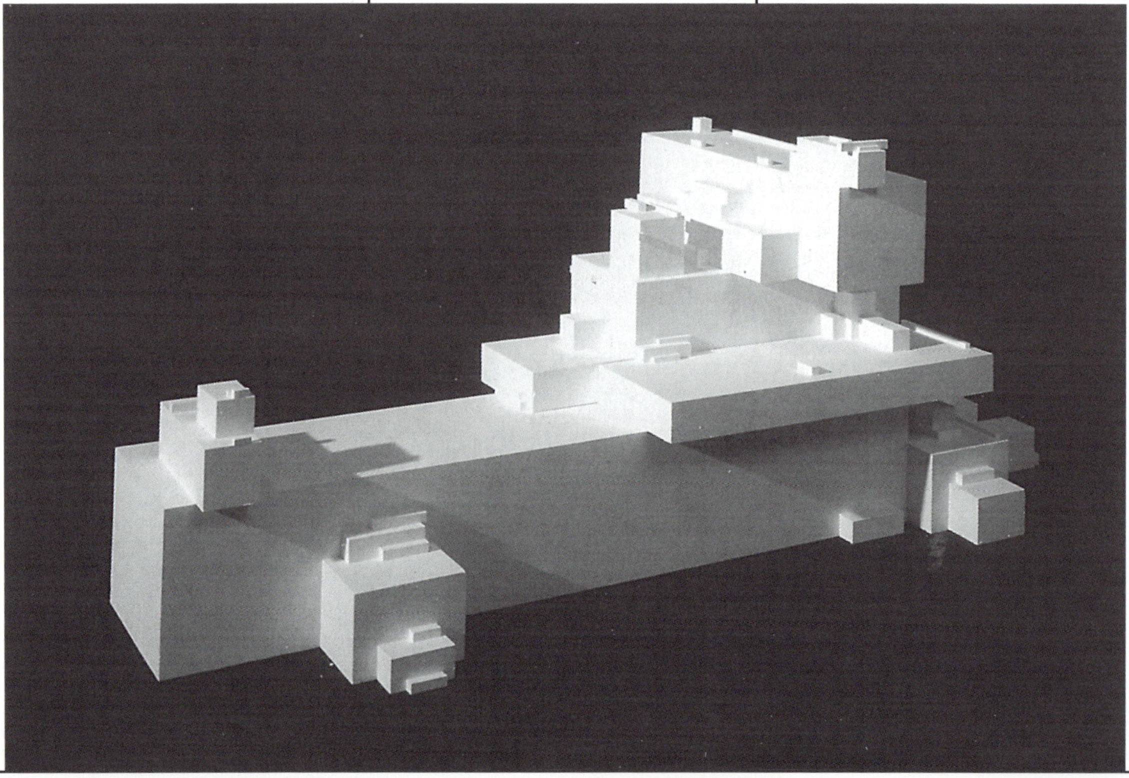

Le « chouchou » de Rodin
Ancien élève de Rodin, Antoine Bourdelle, fils d'un artisan sculpteur sur bois, débute au Salon de 1884, en présentant un buste du compositeur Saintis. Les commandes affluent, il s'installe définitivement impasse du Maine (aujourd'hui rue et musée A. Bourdelle). Après des médaillons, il sculpte ses vingt et un portraits de Beethoven et s'adonne à des œuvres monumentales. Ce seront le *Monument aux morts de Montauban,* puis des sculptures d'inspiration antique, dont témoignent les reliefs en pierre du théâtre des Champs-Elysées.
Cette année, le Salon des Tuileries expose la *Statue équestre du général Marcelo Torcuato Alvear,* homme d'Etat argentin, dont la sculpture en bronze et pierre de vingt mètres de haut, a exigé dix ans de travail. Elle se trouve actuellement à Buenos Aires.

L'homme du bronze
Elève des Arts décoratifs et de l'Ecole des Beaux Arts, Charles Despiau se fait remarquer par Rodin au Salon d'Automne de 1907. Despiau se signale par ses bustes et personnages en bronze, comme cet *Athlète au repos,* haut de trente trois centimètres, appartenant au *Künstmuseum* de Bâle.

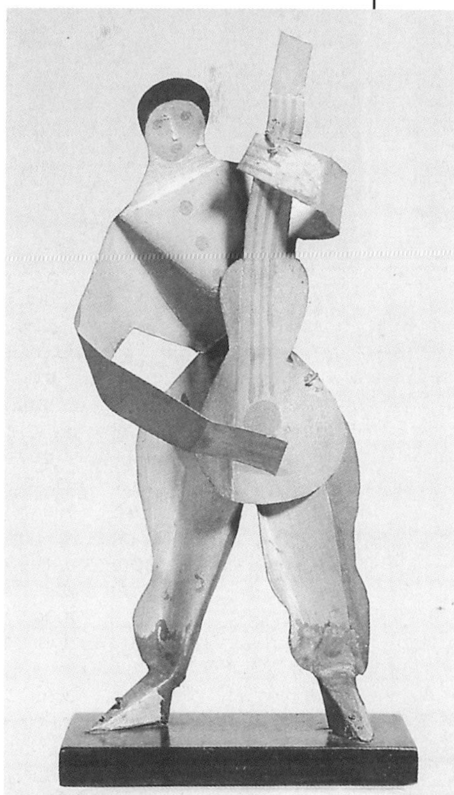

L'arlequin de Gris
Peintre cubiste, Juan Gris l'est également en sculpture, comme en témoigne cet *Arlequin* datant de 1923 **(Centre Georges Pompidou).**

A l'école, tradition et nouveautés

Malgré une réforme de l'enseignement secondaire, imposée par le ministre mais très discutée par les universitaires, l'Instruction Publique est l'un des domaines les moins révolutionnaires de la vie française. Le lycée n'accueille que peu de jeunes français, une forte majorité d'enfants ne dépasse pas le cap du certificat d'études et doit travailler tôt, aussi l'enseignement technique est-il, lui, bien organisé ? Jardins d'enfants, conseillers de vocation : de timides innovations montrent le bout du nez.

Contre la réforme du secondaire
Elle déclenche une nouvelle querelle des anciens et des modernes. Fin janvier, le Conseil supérieur de l'Instruction Publique, après une semaine de séances laborieuses, a fini d'examiner le projet proposé par le ministre Léon Bérard. Se faisant le porte-parole des membres du Conseil, Ferdinand Brunot (ci-contre), doyen de la Faculté des Lettres de Paris, dénonce dans un article de presse le désaccord de ses collègues avec les deux principes essentiels de la réforme : l'enseignement obligatoire du latin, la création d'un Certificat d'études classiques à la fin de la 3e. Il reconnaît comme positifs l'allégement des horaires et l'accès du secondaire facilité au primaire. Finalement la réforme Bérard est votée.

Un parent pauvre : le dessin
Comme ce professeur du lycée Charlemagne, photographié dans sa classe, tous les professeurs de dessin des lycées sont inquiets. En effet, cette matière n'est pas comprise dans les horaires prévus pour le nouvel enseignement secondaire. M. Belot, inspecteur général des Lettres, prend la défense de cette discipline sacrifiée : « Trop souvent considéré comme un simple art d'agrément, déclare-t-il, le dessin est parfois relégué après les exercices physiques, alors que c'est un instrument de culture générale de premier ordre. Par sa coordination à l'ensemble des autres études, le dessin peut avoir l'ambition et l'espoir de contribuer, à côté des études littéraires et scientifiques, au développement de l'esprit. »

A Normale sup', la « turne » des « conscrits »
Rien n'a changé dans l'aspect de l'Ecole normale supérieure de la rue d'Ulm. Au rez-de-chaussée se trouvent toujours « les turnes des conscrits », c'est-à-dire, en argot de normalien, les salles où travaillent, à cinq ou six, les élèves de première année. Les « carrés », étudiants de seconde année, sont au premier, et les « cubes » de troisième année ont le privilège de travailler sous les combles. Mais, depuis 1902, les 180 jeunes gens de 18 à 24 ans qui vivent ici obéissent à une discipline beaucoup plus douce, et ne sont plus soumis au régime de l'internat complet. Cette année, parmi les noms des élèves de l'école, dirigée depuis 1920 par M. Lanson, on relève, entre autres, les noms d'Alfred Kastler, Pierre Brossolette, Wladimir Jankelevitch, Henri Guillemin, Pierre-Henri Simon...

L'apprentissage d'un métier
Apprendre son futur métier tout en terminant sa scolarité, tel est le but des ateliers-écoles créés à l'initiative de la Chambre de Commerce de Paris avec l'appui de la municipalité. En effet, à l'école primaire, sur les 50 élèves de douze à treize ans d'une classe de certificat d'études, une quarantaine seront astreints à gagner leur vie presque immédiatement. Grâce aux cours de préapprentissage – qui constituent un lien entre la famille, l'école et l'atelier – les enfants, en même temps qu'ils poursuivent leurs études, sont entraînés progressivement à l'apprentissage d'un métier manuel, et préparés à la transition entre la vie sédentaire de la classe et la vie active de l'atelier. Nous voyons ici, avec leur professeur, les enfants de l'école de la rue Madame qui prépare aux métiers du livre : en haut, le cours de composition typographique, en bas les travaux pratiques de reliure et de papeterie. Les cours d'apprentissage ont lieu l'après-midi, dans les ateliers organisés à l'école même, le matin demeurant réservé aux cours généraux de l'école primaire.

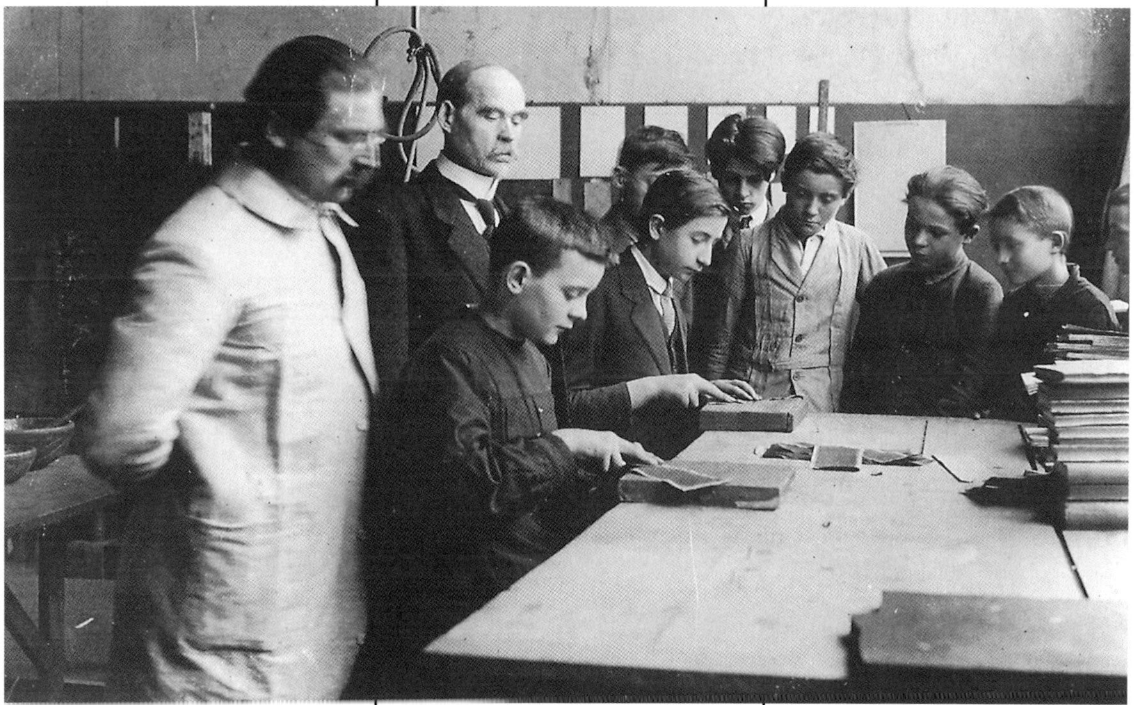

Les écoliers anglais sur les champs de bataille
Le 19 mai, 250 écoliers britanniques délégués par des « villes-marraines », sont arrivés à Paris, en gare du Nord, invités par le Comité des visites aux régions françaises libérées à visiter la capitale, puis les villages français adoptés. Le lendemain, escortée par les élèves de l'Ecole militaire de Douvres, une délégation d'enfants anglais s'est rendue sous l'arc de Triomphe pour fleurir la dalle du Soldat inconnu. Les jours suivants, les écoliers, dans le nord de la France, ont parcouru les secteurs d'Amiens et d'Arras, après s'être divisés en groupes et rendus dans les localités adoptées par les cités qu'ils représentent. Ici, des écoliers anglais, coiffés de la casquette de tradition, sont accueillis à Souchez par les enfants du pays. En l'honneur des visiteurs, une pancarte plantée dans les ruines porte ces mots : « Place de Kensington ».

La Foire Saint-Germain
Place Saint-Sulpice, une centaine de baraques vendent au profit des œuvres du VIe. Et les comédiens de l'Odéon et de la Chimère viennent jouer sur les tréteaux de jadis.

Les poulbots aux Tuileries
La fête enfantine du 1er juillet a été animée par le célèbre dessinateur, au bénéfice des « Poulbots »... Un jury d'artistes de la Butte a jugé les concours. Ici un charmant attelage de voiture fleurie.

La kermesse du Palais-Royal
A partir du 8 juin, sur le thème « Renaissance du Palais-Royal » : stands de bienfaisance (ci-dessous), défilés de « merveilleuses » et de « lionnes », théâtre de verdure et visite du président Millerand.

Jours de fête

Les traditions sont toujours vivaces qui inspirent les fêtes populaires dans la France d'après-guerre. Le contact demeure, même chez les citadins, avec la nature et le cycle des saisons, et le printemps ramène – passée la mi-carême et sa fête des abeilles – les célébrations florales. Le temps du muguet finit à peine et déjà revient le temps des lilas, autant de prétextes aux déguisements, aux rires, à la fête très simple où l'on dépense, à défaut d'argent, beaucoup de bonne humeur.

Les Abeilles de la mi-carême
Malgré une pluie glacée la bonne humeur était de mise, le 6 mars, pour le cortège traditionnel qui traversait Paris. On voit ici, sur le pont de la Concorde, les landaus coiffés de paille où s'abritent la reine des Abeilles, Mlle Geneviève Durand, sténo-dactylo, et ses demoiselles d'honneur. Les ruches géantes ont été exécutées par un groupe d'artistes, « Les gais Compagnons de la Ruche Montmartroise ».

Le cortège de la Grisette
Le 10 mai, dans le 11e arrondissement, à l'occasion de l'inauguration du square Jules Ferry, ou square de la Grisette, un charmant cortège a réuni les enfants, symbolisant le temps des lilas (ci-contre), des jeunes filles en crinoline, « Véronique sur son âne », et le char du Muguet.

Eaux et lumières à Versailles
Ouverture de la saison de Versailles, le 3 juin : dans le bassin de Neptune, c'est le rare spectacle des grandes eaux de Louis XIV, illuminées, pendant que cinq formations musicales se font entendre. Dans le ciel, une cascade lumineuse haute de 200 mètres clôt le feu d'artifice.

Fluctuat nec mergitur

« Sous le pont Mirabeau coule la Seine... » Point n'est besoin d'être un Parisien aussi illustre que Guillaume Apollinaire pour être attaché à ce fleuve comme à la terre ferme. Protection de l'antique Lutèce, voie commerciale importante, son trafic fait de Paris le premier port fluvial de France et la navigation de plaisance permet de profiter des charmes de la capitale tout aussi agréablement que le font les « piétons de Paris » ou les amateurs d'autocars touristiques.

Water music
Les péniches ne servent pas qu'à des fins commerciales. Amarrées, elles deviennent cafés, salons de thé... La navigation de plaisance se met à la page : le 9 avril, la Société des bateaux-mouches équipe le n° 45 d'un récepteur qui alimente quatre haut-parleurs. Les passagers qui ont quitté à 16 h 50 le pont Royal, à destination de Saint-Cloud, pourront entendre dès le pont de la Concorde, une mélodie de Grieg diffusée par Radiola. On projette d'équiper plusieurs bateaux du même système ; les prix prévoit-on, seront augmentés, mais quel agrément pour ceux qui viendront se détendre à la croisière du soir Paris-Saint-Cloud !

Une mode venue d'Angleterre
En quête de soleil, les yachts britanniques se servent volontiers du réseau des canaux français, qui constituent le passage idéal du Channel à la Méditerranée. En contrepartie, ils nous inspirent une nouvelle mode déjà solidement ancrée sur la Tamise : celle du house-boat. On s'aperçoit avec délice que l'on peut passer quelques jours sur un bateau tout aussi confortablement que dans un palace de première catégorie.

Plaisir de la plaisance
Sur la Seine, non loin de Saint-Pierre-du-Vauvray, plusieurs house-boats ont leurs quartiers d'été. Ainsi *Sanouva,* à M. Mittenof (en haut) qui mesure 31 mètres de long pour 5 de large. Plus vaste encore est *Esperanto*, à M. Ernest Archdeacon, dont on voit, ci-dessus à droite et ci-contre, le pont aménagé en salle à manger, et le salon-bibliothèque. Il mesure 38,5 m de long pour 5 de large. Rectangulaire à la façon d'un bateau-lavoir, il ne perd pas un pouce carré de surface et l'agencement permet à quinze personnes d'y séjourner. De l'arrière à l'avant se font suite le salon, la salle à manger intérieure, la cuisine, l'office, les chambres de maîtres pourvues d'un lavabo à eau chaude et froide, la salle de bains, les chambres d'équipage et les diverses dépendances. De bateau à bateau la vie est une entraide : l'un des deux par exemple, recueille le courrier et sa sirène avertit les autres qui dépêchent une barque pour le prendre. Même système pour le ravitaillement. Le loyer annuel est de 12 000 francs pour les quinze passagers. Est-ce si cher pour une vie de rêve ?

Retour à terre
Le Café de la Tournelle est installé au 54, rue Vieille-du-Temple, à l'angle de la rue des Francs-Bourgeois, dans l'hôtel Hérouët, qui est un des plus charmants spécimens d'architecture civile que l'on puisse trouver dans le Marais. Une halte idéale pour les amateurs du Vieux Paris. **(Collection Albert Kahn).**

Transport et art modernes
Les nouveaux autocars découverts de la T.C.R.P. (Transports en commun de la région parisienne) sont affrétés par le syndicat d'initiative de Paris et du département de la Seine.

Le peintre de Montmartre
Tout le charme de Montmartre se trouve exprimé dans cette toile de Maurice Utrillo, peinte cette année même. Ce n'est que depuis 1920 que le maître, abandonnant l'austérité de sa première manière, emploie une palette de couleurs vives et peuple ses paysages de personnages.

Rue galante
Le n° 77 de la rue Galande est une délicieuse vieille maison. Cette rue, dont le sous-sol abrite le cimetière juif du Paris médiéval, fut une des plus brillantes de la capitale durant les deux siècles précédents : gens d'épée et de robe s'y côtoyaient. Mais dès le début du XXe siècle, elle est devenue une des plus mal famées, partie intégrante de « la tournée des grands ducs ». **(Collection Albert Kahn).**

Terre, eau et ciel
Le vieux pont de la Tournelle est détruit et remplacé par cette passerelle de bois. Son successeur sera en béton armé recouvert de pierre. La construction commence cette année et va durer cinq ans.

Quai d'Orsay
Il n'y a pas que l'Assemblée nationale et le ministère des Affaires étrangères qui s'y soient installés. La gare du Paris-Orléans voisine de sa silhouette quasi viennoise avec le palais de la Légion d'honneur. Le nom du quai vient de celui de Charles Boucher d'Orsay, prévôt des marchands de 1700 à 1708, qui en avait commencé la construction à partir du pont Royal en direction de l'ouest. Ce n'est qu'en 1947 que la section que l'on voit ici s'appellera quai Anatole France. **(Collection Albert Kahn).**

L'éternel féminin

Le grand bal du « réveillon du corset » dévoile les tendances du lendemain : plus de tailles brimées, de souffles coupés par des lacets serrés. Avec les fourreaux drapés, la femme d'aujourd'hui est une femme libérée. Pouvant respirer, la voici qui se montre, court, golfe et danse, intrépide, omniprésente, mais plus que jamais charmane et bien sûr élégante. Les grands couturiers ne vivent que pour elle, elle pour eux : c'est l'année de la femme au fil des jours et de tous les instants.

Foire de l'élégance
Le chic parisien parade entre Saône et Rhône, dans les « bouchons » devenus pour quelques semaines rendez-vous de l'élégance, pendant la Foire de Lyon.
L'illustration de P. Dumas-Boudreau, parue dans la revue de mode *Art-Goût-Beauté,* met en évidence le raffinement des modèles du grand couturier Poiret et la bonne entente qui règne entre la haute-couture et la gastronomie.

Sport et plein air
Le golf fait de plus en plus d'adeptes féminines pour lesquelles des ensembles à la fois sobres et pratiques donnent de l'aisance aux mouvements. Habillée par Madeleine Vionnet, dessinée par Thayart, cette golfeuse conserve toute sa féminité dans l'effort. Un « bibi », ton sur ton, donne la touche finale à ce deux pièces particulièrement seyant, dont la simplicité fait toute l'élégance.
« En avril, ne te découvre pas d'un fil », dit la sagesse populaire. Mais comment ne pas se montrer en toilette de printemps pour l'ouverture de la saison d'Auteuil ?
Si ce monsieur en loden, melon et parapluie craint les derniers frimats, sa compagne a troqué ses fourrures contre un tailleur ceinturé taille basse, très à la mode en cette période de températures intermittentes.

Pour les dehors...
Les courses sont aussi défilés de mode, comme ici, à Longchamp, où les photographes s'affairent.
Illustrées par P. Dumas, pour la revue *Art-Goût-Beauté,* cette soubrette en compagnie de sa patronne et son amie sur le départ. Pour leur sortie d'après-midi, l'une porte une création Premet : robe manteau en serge marine, brodé coton-couleur. L'autre un trois pièces de J. Patou, en crêpe satin rouge et noir, brodé de fleurettes mêmes tons.
... et les dessous
« Basse-cour », tel est le nom de ce déshabillé rose des plus suggestifs, paru dans *Sourire.*

Petites filles « modèles »
La mode habille aussi les écolières et les institutrices. Beaucoup de sobriété dans la robe de cette enseignante au décolleté carré, à la taille longue et aux manches courtes soulignées par de larges bandes foncées. Pour les fillettes, petits plissés au ras des genoux et cols Claudine.

Casino çi et courses là...
Théâtres, casinos et champs de course, sont autant d'occasions rêvées pour sortir manteaux et toilettes de grands couturiers. Les élégantes se montrent gloutonnes du moindre « chiffon », pourvu qu'il soit signé Patou, Doucet, Lanvin, Chanel, Poiret..., maîtres incontestés dans l'art de changer la matière en parures de reines, que les reines de Paris imposent au monde entier.
Aller au casino, ce n'est pas seulement sortir pour « flamber » de l'argent à la roulette : c'est être ambassadrice de la mode. Un plaisir doublé d'un devoir, qu'exaltent en permanence rubriques et gazettes spécialisées. Ici, *La Gazette du Bon Ton,* présente ce manteau damassé et richement ourlé de fourrure, illustrant une page intitulée : « Le Départ pour le Casino ».

1er avril. Prix du Président de la République à Auteuil et victoire, devant *Master Bole* et *Barker*, du crac *Xophime* au vicomte Guy de Dampierre et monté par A. Petit. Mais de ces deux élégantes, laquelle mérite-t-elle de l'emporter ?

La mode se dégaine
En couverture de *Vogue,* et pour 4 francs, cette robe du soir en soie grise, légère à porter sans corset, mais avec la gaine *Parabère,* dont l'élasticité rend à la silhouette sa souplesse naturelle. Idéale pour ce premier mai où les soirées moins fraîches invitent à se montrer dos et gorge nus.

Suis-je la plus belle ?
La difficulté c'est d'abord de choisir parmi les nombreuses créations, plus séduisantes les unes que les autres. Chaque activité, chaque heure de la journée, chaque événement, a son modèle spécialement conçu dans les ateliers des grands couturiers. A Auteuil, la mode de printemps expose ses nouveautés ; ainsi ces deux ensembles, l'un ton sur ton, robe et manteau à volants, l'autre, un deux-pièces aux couleurs contrastées.

Tentations
« Tu mettras dix robes par jour, afin qu'en crèvent tes rivales » C'est l'argument qu'emploie Sacha Guitry dans *L'Amour masqué,* sa nouvelle comédie musicale interprétée par Yvonne Printemps au théâtre Edouard VII. Nombreuses sont celles qui suivent à la lettre le précepte du Maître, changeant pour un oui ou pour un *nom* de chapeaux et de toilettes, et pourquoi pas de parapluie ?

L'art et la mode
La mode étant un art, quoi de plus normal que peintres et graveurs s'y intéressent. Sonia Delaunay s'en montre fervente à travers ses toiles, créant des styles et des modèles. Cette gravure anonyme de 1923 (Bibliothèque des Arts Décoratifs), témoigne de l'emprise de la mode sur toutes les créations artistiques de ce temps.

La mode en fête

Réveillon du jour de l'An, vu par P. Dumas-Boudreau pour *Art-Goût-Beauté.*
De gauche à droite : robe de Molyneux, en crêpe georgine bois de rose ; robe du soir signée Philippe et Gaston, en lamé or et mousseline noire ; lamé cambodgien citron et argent de Lucien Lelong, et enfin tunique de crêpe georgine brodé de perles fines, créée par Bernard.

D'avril en été

Tissus et motifs sont très marqués par les influences orientales pour les manteaux de demi-saison, qui se portent encore volontiers en avril (ci-dessus).
La mode en revanche se débride pour les sorties d'été, alliant longues robes droites en cotonnades et coloris légers, ou robes « à la romantique » avec large chapeau parasol.

Sur le thème d'une *Visite à la ferme,* cette illustration parue en 1923 dans *Art-Goût-Beauté* est signée P. Dumas-Boudreau (Bibliothèque des Arts Décoratifs).

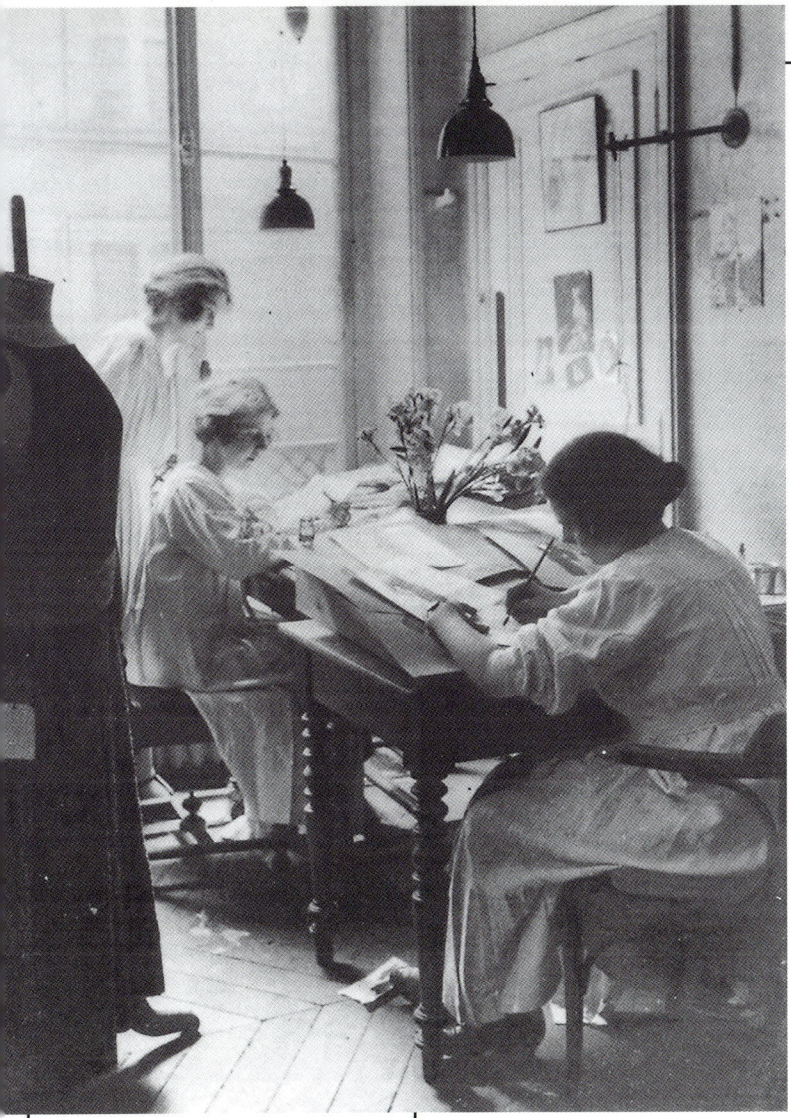

Bal du corset
Clou de l'élégance de ce début d'année : le bal du « réveillon du corset » la nuit du 1er janvier, célébré par un défilé des plus beaux mannequins de Paris. Parmi les toilettes présentées, signées des plus grands couturiers, chacun a noté la prédominance des fourreaux drapés et la fin du règne des tailles basses et cintrées.

Mode en coulisses
Employant des dizaines de corps de métier différents, la mode est l'une des richesses économiques montantes du pays. Les dessinatrices (ci-dessus), ont pour délicate mission de réaliser des croquis précis des modèles sortis de l'imagination des grands couturiers.

Ci-dessous : « Elle vient » – robe d'après-midi en velours Cambridge – création Drécoll ; « Tentation » – robe d'après-midi en crêpe Phili A.G.B. chamois – création Bernard.

Golf et vitesse
Sur les greens, ensemble culotte de golf mi-mollets et saharienne pour les hommes, (Illustration de Marc-Luc). Pour les femmes aimant se griser de vitesse, *Vogue* consacre sa couverture – signée Lepape –, à cette robe en lainage seyant, aux coloris accordés à ceux de la voiture Voisin, voisines...

Le kiosque à journaux

Dans le flot des publications modernes, les journaux illustrés, aux couvertures violemment colorées qui exploitent naïvement les faits divers, demeurent des valeurs en or aux tirages considérables. Véhicules de la culture populaire, ils célèbrent la morale traditionnelle de la famille et de la patrie, le respect de l'autorité et d'une république fraternelle, dans la ligne directe des vieilles images d'Épinal.

Edités par le groupe Dupuy, *Omnia*, né en 1906, atteint 80 000 exemplaires, et *La Science et la Vie*, fondé en 1913, a tiré tout de suite à 150 000. *Mon Ciné* fait partie des nombreuses publications populaires de la Société Parisienne d'Edition-Offenstadt. *Nos loisirs*, revue illustrée « de la femme et du foyer », créée en 1906 par Henry Dumay et éditée par *Le Petit Parisien*, a connu un tirage record de 300 000 exemplaires.

Le 15 juin 1884 paraît, au prix de 5 centimes, le premier supplément hebdomadaire du *Petit Journal*, dont la couverture, quelques années après, est ornée de deux gravures en couleur. Tout comme son homologue du *Petit Parisien*, ce *Supplément Illustré* – à ne pas confondre avec *Le Petit Journal Illustré*, pâle copie de *L'Illustration* – est une extraordinaire réussite. Son tirage, en 1895, dépassait le million.

En visite dans les ateliers du *Petit Parisien* et d'*Excelsior*, ces élèves de l'Ecole des officiers d'Administration s'initient, devant les rotatives, aux progrès techniques qui permettent les grands tirages. Encore faut-il savoir plaire à un vaste public, comme *Lectures pour tous* lancé par la librairie Hachette en 1898, ou *Les dimanches de la femme*, de la S.P.E. Offenstadt, un hebdo populaire qui exploite le goût du public féminin pour les lectures romanesques.

L'inventaire de ce kiosque à journaux ne donne ici qu'une idée incomplète de la diversité de la presse d'après-guerre, qui ne doit cependant pas masquer sa difficile adaptation aux nouvelles conditions économiques. Il est vrai que si les grands quotidiens parisiens sont touchés, on assiste en revanche au développement de la presse périodique. La nouveauté, ce sont toutes ces publications spécialisées et illustrées, hebdomadaires féminins, sportifs, pour enfants, journaux de radio, de cinéma, de vulgarisation scientifique et technique... Dans cette nouvelle ère des magazines illustrés, un ancêtre comme *Le Chasseur français,* revue encyclopédique (malgré son titre), éditée par la Manufacture d'armes et de cycles de Saint-Etienne, se porte bien : 500 000 exemplaires. A l'inverse, un bimensuel anticonformiste comme le fameux *Crapouillot* de Galtier-Boissière, sorti en 1915, arrive à vivre avec des tirages qui ne dépassent pas, pendant la guerre, 1 500 exemplaires par numéro.

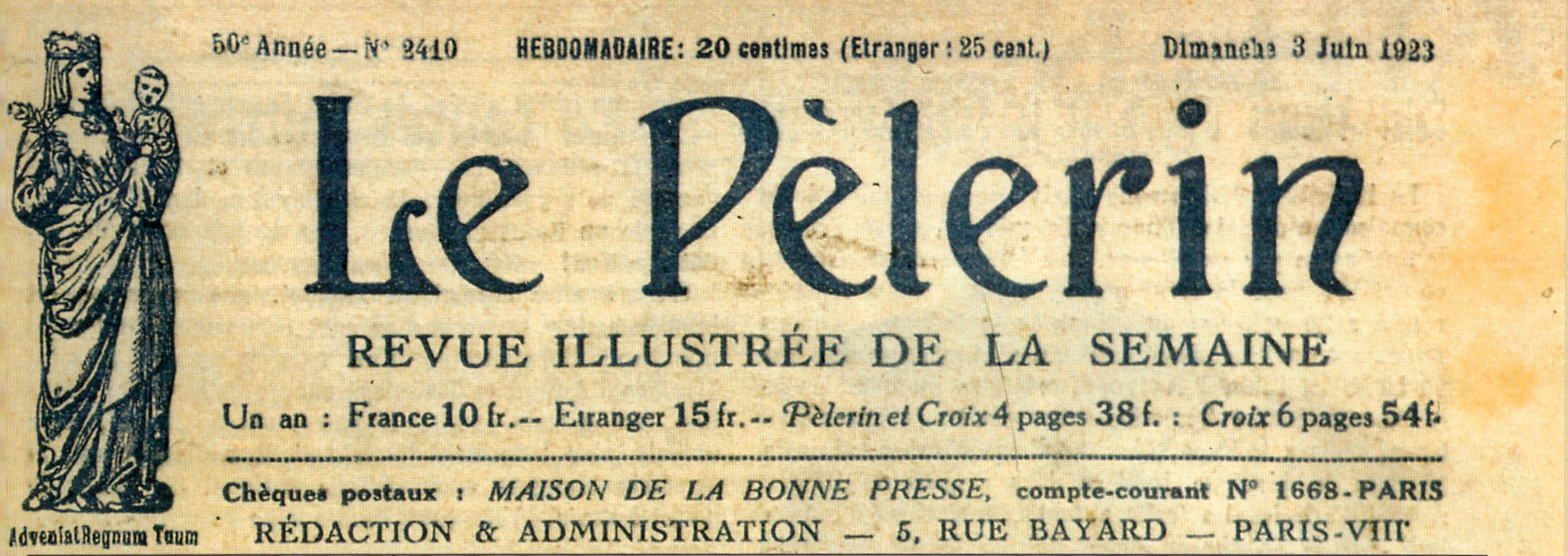

50e Année — N° 2410 **HEBDOMADAIRE : 20 centimes (Etranger : 25 cent.)** Dimanche 3 Juin 1923

Le Pèlerin

REVUE ILLUSTRÉE DE LA SEMAINE

Un an : France 10 fr. -- Etranger 15 fr. -- *Pèlerin et Croix* 4 pages 38 f. : *Croix* 6 pages 54 f.

Chèques postaux : *MAISON DE LA BONNE PRESSE,* **compte-courant N° 1668-PARIS**

RÉDACTION & ADMINISTRATION — 5, RUE BAYARD — PARIS-VIIIe

Adveniat Regnum Tuum

Fondé en 1873, *le Pèlerin* devient, avec la couleur, un magazine populaire hebdomadaire de 16 pages, qui dépasse 250 000 exemplaires à la veille de la guerre, et tourne ensuite autour de 500 000. Principale publication de la Maison de la Bonne Presse, il épouse l'évolution politique de *La Croix,* dans un style plus populaire et souvent violent.

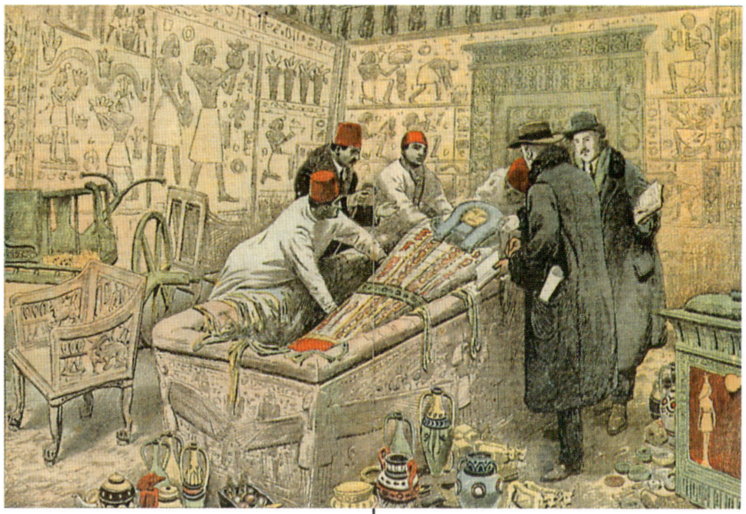

En toutes Lettres

L'édition affiche une bonne santé générale. Aux côtés des romans régionalistes, épiques et humoristiques qui font de gros tirages, fleurissent les livres pratiques, les traités de gastronomie, les albums illustrés et les récits d'évasion. Bref, à part la petite guerre que se livrent les « chers » confrères pour s'octroyer la meilleure part du marché, tout est rose dans le paysage de l'édition. Quelques nuages cependant : les voix qui se sont tues, parmi lesquelles Pierre Loti, Katherine Mansfield et Raymond Radiguet.

Impitoyable Romains
Knock ou le Triomphe de la médecine, nouvelle comédie en trois actes de Jules Romains, vue par le caricaturiste Bécan. Cette satire du dogmatisme médical, accompagne la parution de *Monsieur Le Trouhadec saisi par la débauche,* autre parodie des mœurs du très prolifique Louis Farigoule, alias Jules Romains pour les lettres.

Stock de Stock
Pour se démarquer de ses concurrents, la Société Stock, Delamain, Boutelleau et Cie, puise dans son fonds de titres étrangers, en réactualisant le *Saint-Janvier* de Nietzsche.

Polémique
Ultra nationaliste, chef de file de *L'Action française,* Charles Maurras provoque la polémique avec *Mademoiselle Monk,* comme à chacun de ses nombreux livres.

Jury du Prix du Nouveau Monde
Jean Giraudoux, Jean Cocteau, Jacques de Lacretelle, Paul Morand, Bernard Fay et Valéry Larbaud.

Caricatures
Tous les écrivains qui ont un public attirent les caricaturistes. L'humoriste et dessinateur Gus Bofa, est l'une des figures emblématiques de cette pratique artistique. Morand, Bordeaux et Mac Orlan (de gauche à droite) n'échappent pas à son coup d'œil. Ses dessins paraissent dans *Les Synthèses Littéraires.*

Au nom de la Patrie...
Son œuvre appelle à « l'Union sacrée », au patriotisme absolu. Homme politique, Maurice Barrès est mort le 4 décembre, après la sortie de son dernier roman, pastiché ci-dessous par le caricaturiste Orens.

Nouvelles de Morand
Après les six nouvelles d'*Ouvert la nuit* paru l'an dernier où il mettait en scène des femmes, Paul Morand boucle cette série par des portraits d'hommes, dans les quatre nouvelles de *Fermé la nuit.* A ceux qui le taquinent sur les situations et les personnages hors du commun de son livre, Morand rétorque : « L'exceptionnel est une manière d'atteindre le permanent ». *Fermé la nuit* décroche le Prix de la Renaissance. Pour Morand c'est la célébrité, sa signature devient de l'or. On se l'arrache, on l'invite et la duchesse de Rohan qui l'adore, trompe le temps aux heures du jour en ouvrant boutique à l'enseigne « Fermé la nuit ».

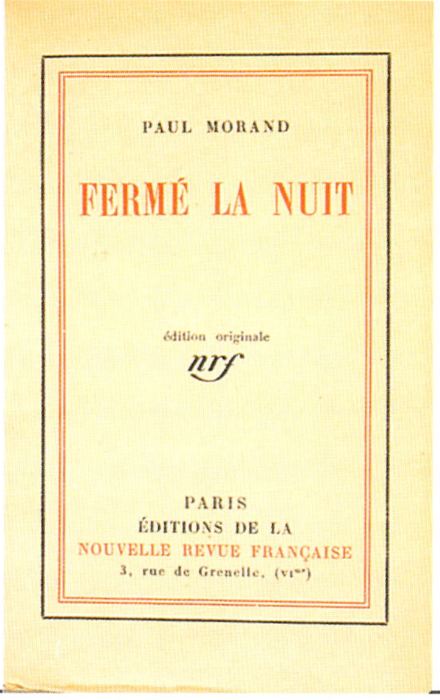
PAUL MORAND

FERMÉ LA NUIT

édition originale

nrf

PARIS
ÉDITIONS DE LA
NOUVELLE REVUE FRANÇAISE
3, rue de Grenelle, (VIme)

EN DEUX MOTS...

Maurice Barrès, alors élève au lycée de Nancy, s'oppose à l'enseignement de son professeur de philosophie qui contiendrait : « un germe d'intolérance fanatique, car concevoir une règle commune à tous les hommes, c'est être bien tenté de les y asservir pour leur bien ».

Un parfum de scandale

Colette surprend, mais n'étonne plus. Chérie du public depuis son *Chéri,* ses nombreux lecteurs la suivent fidèlement à travers les polissonneries et vagabondages champêtres des souvenirs de sa jeunesse. On la sait également très libre en tout, mais on l'aime pour sa sincérité et son immense talent. Voici qu'elle nous offre un nouveau frisson sensuel, dans un récit très court, témoin de ses premiers émois d'adolescente : *Le Blé en herbe.*

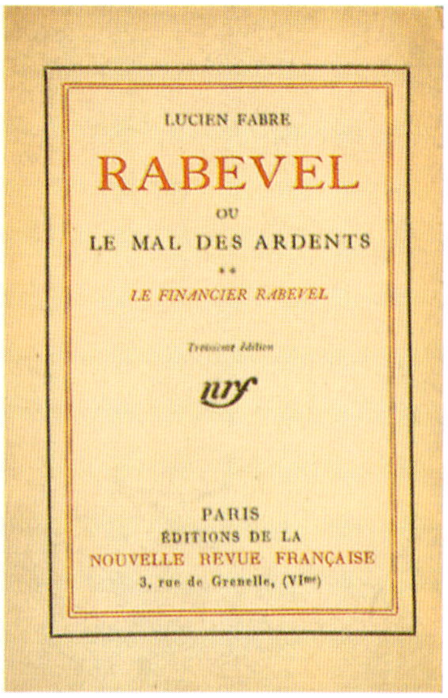

Prix Goncourt

Le vingt et unième prix Goncourt est attribué à Lucien Fabre pour son roman : *Rabevel ou le mal des Ardents.*

La province épinglée

Dans son deuxième grand roman : *Génitrix,* François Mauriac abat ses cartes, piétine les rues et alcôves de sa province bordelaise. Un réquisitoire sans complaisance contre les turpitudes et l'hypocrisie de la bourgeoisie bien pensante.

Etats d'âme

Dans son nouveau roman : *Le Lac,* l'écrivain et poète irlandais George Moore, évoque avec une ironie désabusée ses enthousiasmes toujours suivis de désillusions.

Un raid, un film, un livre

Pour 3 francs, vous saurez tout en achetant ce livre publié par Plon, à quelques semaines du retour de la brillante expédition Citroën au Sahara, en passant par l'Atlantide... Les éditeurs, aussi, ont des réflexes.

Que de prix !
Election de deux nouveaux Immortels, dont Edouard Estaunié, ci-dessus dans son habit vert d'Académicien. Le 6 décembre, l'Académie française, (ci-contre, en séance plénière), a décerné ses prix littéraires et de vertu. Ce qui porte à cent trente trois le nombre de distinctions délivrées par l'illustre assemblée au cours de l'année.
Cependant la respectable assemblée poursuit la mise à jour de son Dictionnaire en adoptant les mots « interview » et « journalisme ».

Barbusse à la carte
Ancien prix Goncourt pour *Le Feu* (1916), journaliste à *L'Humanité*, Henri Barbusse entreprend de « fixer les critères d'une littérature prolétarienne ». Il vient d'adhérer cette année au parti communiste.

L'autre Immortel
Auteur dramatique, analyste de l'amour sensuel, Georges Porto-Riche est élu le 25 mai au fauteuil du grand historien Ernest Lavisse.

Prosper prospère
Les progrès de la scolarisation ayant fait des pas de géants, l'illétrisme recule dans les milieux populaires. Les enfants deviennent de nouveaux lecteurs. Ils se tournent vers les histoires en images, comme celles du petit *Bicot,* héros inventé par Prosper.

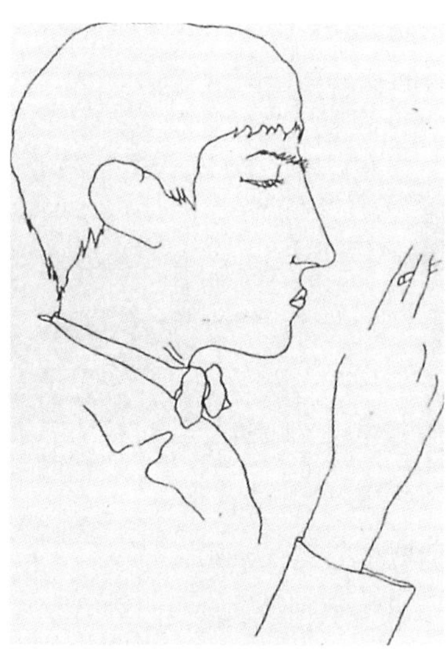

Le bal de l'Adieu
Il était le jeune poète des milieux d'avant-garde, un fervent du Bœuf sur le toit, le protégé de Cocteau. Raymond Radiguet est mort le 12 décembre d'une fièvre typhoïde à l'âge de vingt ans.
Après *Les Joues en feu,* recueil de poèmes sorti en 1920, il venait de publier son premier roman : *Le Diable au corps,* (éditions Grasset), mettant en scène les tourments de l'adolescence. La maladie l'a surpris alors qu'il achevait un dernier manuscrit : *Le Bal du Comte d'Orgel.* Un auteur entre dans la légende.

Portraits souvenirs
Raymond Radiguet et son sourire énigmatique, à la fois désabusé et mélancolique, ont inspiré bien des artistes dont il partageait les nuits blanches et les folles équipées nocturnes. Témoins ces portraits, souvenirs des jours heureux où le visage avait encore une voix. Ils sont signés Picasso, Jacques-Emile Blanche, (en haut, de gauche à droite), Modigliani, (ci-contre, à gauche), Cocteau (ci-dessus) et Juan Gris (ci-contre, à droite). Autant de talents et d'hommages à la mémoire du poète ami.

Loti, le « Magnifique »
Ancien officier de marine, l'écrivain Julien Viaud, dit Pierre Loti, (à droite, en tenue exotique), est mort cette année. C'est la reine Pomaré, dernière souveraine de Tahiti, qui l'avait baptisé Loti, nom d'une fleur de Polynésie. De ses nombreuses pérégrinations à travers le monde, Loti a rapporté des dessins, (ci-contre, statues de l'île de Pâques) et des souvenirs, largement évoqués dans son œuvre, comme *Le mariage de Loti.*

Bernard le « Grand »
Avec ses bons mots acides et à l'emporte-pièces, le grand Tristan Bernard, ci-dessus, est aussi truculent à la ville que dans ses pièces de théâtre.

Best-seller
C'est son ami Jacques Boutelleau, (pseudonyme d'écrivain, Jacques Chardonne), l'un des co-fondateurs de la nouvelle maison d'édition Stock, qui a découvert Paul Géraldy (à droite). Depuis la publication de son *Toi et Moi,* Géraldy accumule les gros tirages.

Prix Nobel
Le Prix Nobel de littérature couronne cette année l'œuvre d'un irlandais : William Butler Yeats, âgé de cinquante-huit ans.

Centenaire de Banville
Plusieurs cérémonies ont été célébrées le 14 mars pour le centenaire de la naissance de l'écrivain Théodore de Banville. Après l'inauguration au jardin du Luxembourg du buste de l'auteur (ci-dessus), une plaque commémorative a été apposée à sa maison mortuaire au 10, rue de l'Eperon.

Une femme sous influence
Ses beaux yeux sombres se sont fermés à jamais. L'écrivain anglaise Katherine Mansfield (ci-dessous), vient de mourir à Fontainebleau, emportée par la tuberculose. Son dernier livre : *le Nid de colombes* paru cette année, témoigne comme les précédents du désarroi de sa vie. On la disait influencée par le philosophe caucasien Georges Gurdjieff (ci-contre), comme l'était Raspoutine pour la tsarine de Russie.

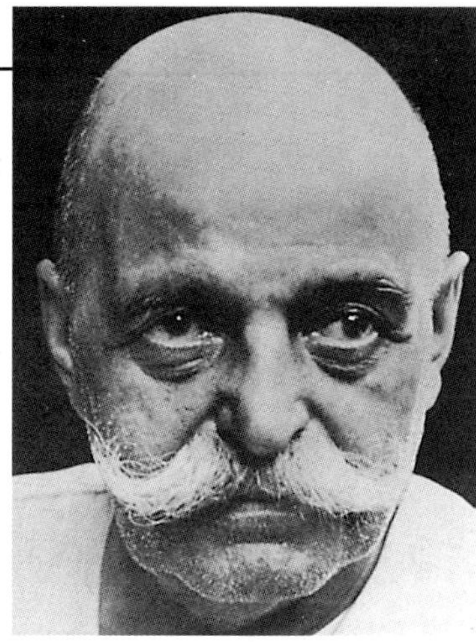

Cocteau par Hugo
L'actualité c'est aussi et toujours Cocteau. Il est ici quand on le croit là, et déjà ailleurs tout en étant partout. Jean Hugo, friand de tout ce qui bouge et porte un nom célèbre, a pris son crayon et dessiné ce portrait de l'auteur à succès de *Thomas l'Imposteur.*

Le vice impuni
L'église et l'école acceptent difficilement que la lecture puisse avoir d'autres fins que l'éducation ou l'instruction. Elles condamnent le livre qui n'apporte qu'un plaisir gratuit, pratique considérée comme « un vice impuni », selon le mot de Valéry Larbaud. Le bibliothécaire se doit d'être un « filtre interposé entre l'homme et le torrent des livres », d'après Ortega y Gasset. Son rôle est aussi de veiller à la santé morale des lecteurs en leur recommandant, par exemple *Notions d'Hygiène pratique à l'Ecole Primaire.*

Ecole en plein air
NOTIONS
D'HYGIÈNE PRATIQUE
A L'ÉCOLE PRIMAIRE
PAR
LE DOCTEUR BONNET
Inspecteur d'hygiène
Avec la collaboration de
M. HULEUX
Inspecteur de l'Enseignement primaire.
PARIS
LIBRAIRIE D'ÉDUCATION NATIONALE

Controverses
Poète du cocasse, écrivain mêlant l'outrance à la candeur, volontiers iconoclaste, Joseph Delteil (à gauche, dans sa bibliothèque), provoque de nouveau les controverses avec son dernier livre : *Sur le fleuve Amour.*

EN DEUX MOTS...

Sortie de Voulez-vous jouer avec Moâ, *pièce de Marcel Achard interprétée au théâtre de* l'Atelier *par Charles Dullin.*

Réouverture du café du Dôme. Création des Ateliers de la Ruche, *à Montparnasse où se réunissent les artistes cosmopolites.*

Millerand en Auvergne

Parti de Paris le 7 juillet, le président de la République a fait coïncider son voyage en Auvergne et en Vivarais avec les fêtes du tricentenaire de Pascal. Les cérémonies se sont déroulées au sommet du Puy-de-Dôme et sous la pluie. Les très nombreux officiels, dont quatre ministres et deux sous-secrétaires d'Etat, durent discourir sous des parapluies.

M. Millerand, après avoir glorifié le génie de Blaise Pascal – enfant de Clermont-Ferrand mais qui appartient à l'humanité tout entière par son génie –, fit honneur au banquet où brillaient les spécialités locales : coq au vin et clafoutis. Le soir, à Clermont, sous un ciel plus clément, une grande fête musicale était offerte au Président : « Le couronnement de la Muse du Peuple », dont le maître Gustave Charpentier dirigeait les chants. Les jours suivants, le cortège présidentiel, composé d'une trentaine de voitures, a traversé le Cantal, le Velay et le Vivarais. Le voyage de M. Millerand s'est terminé par la Bourgogne, avec des haltes à Beaune et à Dijon.

Le 8 juillet, à bord du petit train du Puy-de-Dôme pavoisé pour la circonstance, le président de la République gagne le sommet (1 465 m) où Pascal, en 1648, fit faire des expériences sur la pesanteur de l'air par son beau-frère Périer.

La veille, à Moulins, aux portes de l'Auvergne, Millerand est acclamé au balcon de la mairie. Toute la population est dans les rues, un drapeau tricolore orne chaque maison.

Le 9, dans le superbe décor naturel du Puy-en-Velay, une jeune fille offre des fleurs au président, pour qui l'on va danser une bourrée d'honneur. Le matin, à Saint-Flour, une délégation lui avait remis les clefs de la ville.

En selle... ou en voiture

Les journaux vantent à bon droit l'élégance retrouvée des grandes manifestations hippiques, particulièrement brillantes cette année, tant par la qualité des concurrents que par la diversité des manifestations auxquelles donnent lieu les grandes épreuves traditionnelles. Le monde du cheval est un vigilant gardien de la tradition, et à travers les bouleversements, demeure égal à lui-même. La devise de ce petit univers pourrait être : « Et s'il n'en reste qu'un, je serai celui-là ».

Saint-Cloud en fête
Le prix du président de la République, disputé sur 2 500 mètres et doté de 200 000 francs, ne sera pas gagné par *Binic* (ci-dessus), à M. Jean Stern, monté par le jockey Sharpe. Devant une affluence considérable et très huppée, *Bahadur,* à M. Montacheff, monté par Winkfield, gagne devant *Zariba,* à M. Boussac et *Ruban,* au duc de Tolède, très attendu. Prenant 60 mètres d'avance sur le peloton, *Nicéas,* au prince Aga Khan, et *Sir Gallahad,* à M. J.-D. Cohn, s'étaient entre-épuisés dès le tournant de la Fouilleuse, ce qui permet à leurs concurrents plus sages de briller à leurs dépens.

Festival hippique au Grand Palais
Le 13 avril se termine au Grand Palais, le Grand Prix de la ville de Paris, concours de saut d'obstacles gagné par *Galoche,* au capitaine Collin. M. Sarlin, sur *Lady Memory,* remporte l'épreuve de saut en hauteur en franchissant la barre des 2,10 m. C'est l'occasion pour le public d'admirer un défilé des plus beaux attelages de livraison de la capitale : ce qui constitue une publicité non négligeable pour le concurrent primé.

La journée des drags
Le drag est une voiture attelée de type *mail coach* qui doit son nom au fait que jadis, les dames suivaient dans ce type de véhicule le « drag », simulation de chasse à courre et ancêtre du steeple. Ce n'est donc que justice si la « journée des drags » a traditionnellement lieu à Auteuil, le vendredi qui précède l'un des plus célèbres steeples du monde avec le Derby : le Grand Prix de Paris qui sera cette année remporté par *Filibert de Savoie,* à M. Ranucci.
Sept *mail coaches* dont l'accès n'est pas toujours de tout repos, participent à cette journée du 22 juin, qui voit la victoire de *Héros XII* à M. Henri Coulon. Les tenues les plus élégantes (?) font la joie du public, et l'*Excelsior* peut écrire que le son des trompes de chasse et la participation des valets de pied, piqueurs, etc, appartiennent à une époque « ignorante des autos trépidantes et malodorantes ».

Aux morts pour la patrie

Le temps, qui cicatrise les plaies, celles du corps comme celles de l'âme, efface aussi parfois le souvenir de ceux qui ne sont plus. Et après la guerre, les mémoires ont fort à faire pour que les soldats morts au combat vivent encore dans les cœurs. Dans chaque commune de France, s'élèvent alors des monuments dédiés à leur sacrifice.

Français, Anglais, Canadiens, Américains, côte à côte, se sont battus dans la boue, la poussière et le sang, contre l'ennemi, l'Allemand. En fait, dans cette lutte titanesque opposant des hommes qui, en d'autres circonstances, eussent pu être des amis, il n'y eut qu'un seul vainqueur : la Mort. Elle a fauché des générations entières. Pendant quatre années, elle a moissonné des êtres qui lui étaient de toute façon destinés, mais que la folie des hommes lui offrait avant l'heure. Témoin privilégié de l'hécatombe, un brancardier de vingt ans, Antoine Prost, a écrit ces lignes : « Si tous les généraux, si tous les responsables français et allemands passaient une seule nuit à Verdun, le lendemain matin, au petit jour, la paix serait signée. »

En haut : en Alsace, le monument dédié au 152e RI qui s'est illustré tragiquement au « Vieil Armand ». A gauche : œuvre de Paul Conin-Pastour, un coq français évoque les Poilus dans le cimetière du Caire. A droite : pour le sculpteur François-Victor Cogné, la Marne, avec glaive et drapeau, repousse à jamais l'envahisseur.

Ci-dessus : le drapeau déchiré de Saint-Lo.
Ci-dessous, à gauche : le monument aux morts de La Rochelle considéré comme l'œuvre maîtresse du sculpteur Joachim Costa.
Ci-dessous, à droite : à Grenoble, c'est un chasseur alpin qui vient prendre place pour l'éternité.

Hommage à Guynemer
Pour mourir, ils se rapprochaient du ciel et gagnaient l'au-delà dans un panache de flammes et de feu. Ils étaient les pilotes de chasse, en veste de cuir et foulard blanc.
Le 11 septembre 1917, Georges Guynemer a choisi pour y mourir une modeste bourgade flamande, Poelkapelle. On peut lire, gravé dans la pierre du monument érigé à sa gloire (ci-dessus) :

« Sur ce coin de terre belge ravagé par la guerre, tomba, pour la défense du droit violé, un héros français, Georges Guynemer, dont les ailes victorieuses conquirent, à vingt ans, une gloire incomparable dans le ciel des combats. Les aviateurs belges, qui eurent l'honneur de lutter à ses côtés, ont élevé ce monument en témoignage de leur admiration, née de la fraternité des armes ».

Ci-dessus : « La mobilisation » *ou le monument à ceux qui vont mourir, signé Paul Gasq. A droite, à Saint-Julien, près de Langemark – Poelkapelle, celui dédié à la mémoire des Canadiens tués pendant la seconde bataille d'Ypres.*
A gauche : c'est pour cette « Terre de France », *vue par Real del Sarte que des hommes se sont sacrifiés.*
Ci-dessous : « Aux héros de l'armée noire ».

L'envers du décor
L'érection des monuments dédiés aux morts de la guerre devint vite une manière d'industrie, et comme toute activité humaine, fit naître des vocations d'affairistes. Voici, très révélateur, un extrait du journal *Le Temps :* « Un sculpteur, qui s'est spécialisé dans la production de monuments commémoratifs, a conçu un plan qui va le rendre célèbre, en fournissant aux moindres bourgades le moyen de glorifier leurs morts à bon compte, par l'édification d'un haut-relief s'appliquant indifféremment contre un mur, sur un socle, dans le décor d'un bosquet ou d'une place publique, et représentant une femme – la France –, appuyée sur son épée, regardant se lever à l'horizon le soleil où luit le mot « liberté » et posant une palme sur un entablement où le maître maçon du pays n'aura plus qu'à graver le nom des mobilisés tués à l'ennemi... »
Et ces lignes ont été écrites en... 1916 !
Le journal va encore plus loin dans sa dénonciation de l'impudence de celui qui s'est peut-être paré du titre d'artiste patriote : le statuaire envoie à tous les maires une brochure vantant les mérites du matériau choisi – le ciment ! Celui-ci permet en effet, plus que la pierre noble, la fabrication en série et un acheminement aisé dans les communes les plus reculées. Enfin, pour être bien certain que son offre retiendrait l'attention, le personnage proposait aux maires de payer « l'œuvre » en trois fois, « ce qui, ajoutait-il avec un cynisme désarmant, est la plus sûre garantie de l'inaltérabilité de la matière aux intempéries du temps ».

A gauche : « Aux morts de Plozevet » *gravé dans le granite breton du Finistère.*
A droite : « La France héroïque » *par Eugène l'Horst. Comme le casque lui va bien !*
Ci-dessous : le monument aux soldats lillois.

Ils fleurissent donc un peu partout, ces monuments de la mémoire. Ils sont de tous les styles : romano-byzantins comme celui de Notre-Dame-de-Lorette ; allégoriques, comme ceux de Marigny ou de Neuilly-Saint-Front ; folkloriques sur fond de menhir, comme celui de Plozevet, en Bretagne. Certains sont de véritables nécropoles, comme celui de Douaumont ; d'autres ne sont que d'humbles statues, plantées solitaires, sur une place de village ; d'autres, enfin, sont d'une surprenante et poignante beauté comme le mémorial canadien de Vimy... Mais un jour viendra, où toutes les images s'estomperont. Il suffira alors de se rappeler ces vers écrits par l'évêque d'Arras, Mgr Julien, pour assurer aux soldats morts un souvenir que chacun pourra porter en soi :

« *Vous qui passez en pèlerins près de leurs tombes*
Gravissant leur calvaire et ses sanglants chemins
Ecoutez la clameur qui sort des hécatombes... »

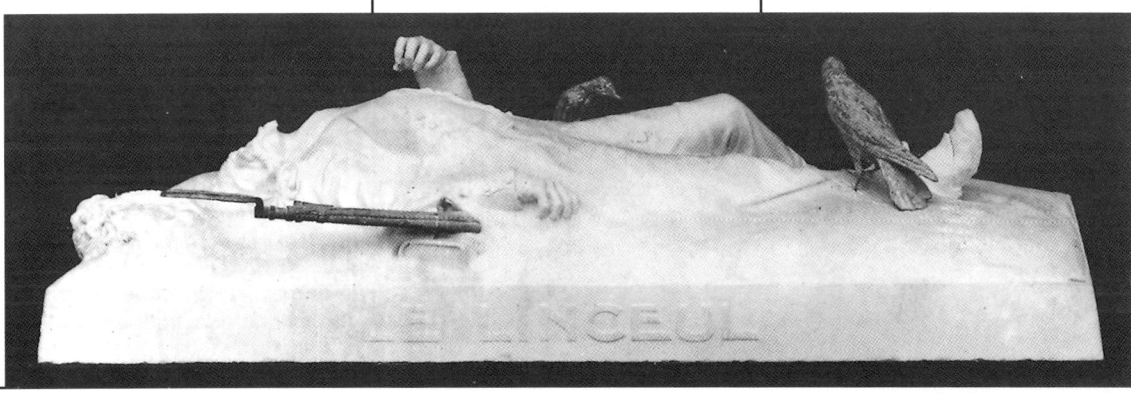

Ci-contre : toute la grandeur et la détresse du soldat tombé, dans cette œuvre d'Emile-Achille Jacopin, intitulée « Le linceul ».

La Foire de Paris

Ils étaient 1 750 en 1917, cette année, ils sont 5 000. Ils, ce sont les exposants qui se sont donnés rendez-vous à la Foire de Paris qui a ouvert ses portes le 9 mai sur l'esplanade des Invalides et le Champ-de-Mars. Bien que ce soit la fête de l'Ascension, les organisateurs s'attendent à une affluence record.

Malgré la grêle et la pluie qui ont transformé l'esplanade des Invalides et le Champ-de-Mars en un vaste marécage, le ministre du Commerce, M. Dior, est venu courageusement accomplir les devoirs de sa charge. Il a du mérite car le vent est si violent que les deux palmiers ornant le stand de l'Algérie font triste mine avec leurs branches brisées. Alors, comme il fait très froid, et qu'après tout, on

est en France, les deux pavillons des vins de notre beau pays connaissent un succès considérable. Rien d'étonnant : la dégustation est gratuite.
Autre pôle d'attraction, le stand de la Société des Artistes décorateurs. Sur le fronton, les spécialités de la société exposante sont inscrites en grandes lettres capitales : une résurrection de l'art typographique ingénieusement adapté à l'art décoratif. Mais, hormis celui des vins de France, pour les raisons que l'on sait, c'est sans conteste le pavillon

En haut : le portique d'entrée de la Foire de Paris.
Ci-dessus et ci-contre : grande affluence dans les allées du stand de la musique.

de la T.S.F. qui est le plus remarqué. Tous les fabricants français et étrangers, petits et grands, se sont donnés rendez-vous pour présenter leurs dernières trouvailles.
Il ne s'agit pas, de la part du public, d'un engouement passager. La T.S.F. fascine et se répand dans le pays. Certains constructeurs ne s'y trompent pas qui s'offrent des pages entières de publicité, comme la firme Perricaud, très fière de la lampe triode de l'un de ses ingénieurs, M. Junot.

En haut : le fronton du pavillon des Artistes décorateurs.
A gauche : la T.S.F., l'une des plus grandes vedettes de la Foire, a ses propres journaux.
Ci-dessous : très sollicités aussi, les exposants présentant les dernières innovations de l'appareil de Graham Bell.

La campagne à Paris

Paris beugle, mugit, caquette, sent bon la paille et les odeurs de campagne. De janvier à juin, trois expositions concernant l'agriculture, ont ouvert leurs portes dans la capitale. Evénements très importants, qui permettent non seulement d'apprécier l'évolution de nos produits et technologies dans ce domaine, mais aussi de les confronter à ceux des pays étrangers présents sur les stands. Car la concurrence est une nouvelle donne, avec laquelle doivent désormais compter nos paysans.

Tradition et modernité
Image familière, celle du paysan qui fauche son champ d'avoine comme le faisaient son père et son grand-père avant lui.
Archaïsme ? Naturellement. Disons plus justement : tradition obligée. Car la machine moderne existe, qui allège le bras, supprime même parfois son travail, avec des rendements des dizaines de fois supérieurs au sien.
On l'a vu exposée au deuxième salon de la machine agricole, le 25 janvier dernier. Il y avait là tout ce dont un paysan, agriculteur ou éleveur peut rêver : moissonneuses, batteuses et lieuses, munies de moteurs puissants, tracteurs, motoculteurs et autres engins mécanisés. Mais comment se les procurer ? Si l'inflation actuelle rejaillit bénéfiquement sur le prix des denrées agricoles, l'agriculteur qui vit en autarcie sur son lopin de terre, ne peut dégager aucun bénéfice pour investir et se moderniser. Seuls les « gros », les propriétaires

Le président de la République, M. Millerand, accompagné de M. Chéron, ministre de l'Agriculture, témoigne de l'immense intérêt qu'il porte à ce secteur clé de l'économie française.

Le voici, le 25 janvier, devant un stand de moteurs fixes de tracteurs et charrues ; et le 16 février, méditant devant des volailles françaises, à l'exposition d'aviculture au Grand Palais (ci-dessous).

de grands domaines en ont les moyens. Mais ils sont loin d'être la majorité. Or, avec l'ouverture des frontières, la libre circulation des biens et des produits, le paysan comme tout un chacun, doit désormais affronter la concurrence. Hier producteur et consommateur local, il devient aujourd'hui producteur et commerçant.

Les mamelles de la France
Conscients du problème, les pouvoirs publics remettent à l'honneur labourages et pâturages, « les deux mamelles de la France », selon le bon roi Henri IV.
Ainsi se multiplient cette année les salons : le 25 janvier, celui de la machine agricole ; le 16 février, le Grand Palais accueille l'aviculture et les bovins (ci-dessus), et le 12 juin, le concours général agricole, après huit ans d'interruption, voit défiler plus d'un millier d'animaux au Champ-de-Mars (à gauche).

A tire d'ailes

La traversée du continent américain (4 088 km de New York à San Diego) par J.A. Mac Ready et O. Kelly est le seul grand raid de l'année. En revanche la lutte est chaude pour les records d'altitude et de vitesse. Sadi Lecointe et son *Nieuport Delage* ramènent en France le record d'altitude (11 145 m le 30 octobre) mais il va perdre son record de vitesse (375 km/h le 15 février). L'Américain Brow sera, le 2 novembre, le premier à franchir le cap des 400 km/h, le dernier mot restant pour l'année à son compatriote Williams qui réalise 429 km/h sur base le 4 novembre à bord de son *Curtiss* de 507 CV.

Ci-dessus : le pilote Descamps et sa petite famille.
Ci-contre : une fois revenus sur terre, les pilotes redeviennent des piétons comme les autres.
Ci-dessous : directeur de l'aviation civile britannique, le général Brancker (debout à droite dans la voiture) est venu d'un coup d'hydravion saluer les concurrents du meeting.

Le « congrès-meeting » de Vauville

Il s'est ouvert le dimanche 5 août et doit durer vingt jours. Comme le mot « congrès » l'indique, il s'agit moins d'un meeting au sens classique du terme que d'une manifestation technique. Les organisateurs ont voulu regrouper, pendant près de trois semaines, pilotes et constructeurs afin de les encourager, en entreprenant de nouvelles expériences, à poursuivre en commun leurs recherches sur le vol à voile et le vol à faible puissance motrice.

Pour fortifier les déterminations et émoustiller les imaginations, 102 000 F de primes seront offerts aux plus inventifs. Bien que leurs noms s'attachent plus particulièrement aux vols sur des avions à moteurs puissants, de nombreux pilotes, et non des moindres, se retrouvent à Vauville : Coupet, Bossoutrot, Doret, Maneyrol, Barbot, Descamps, Thoret...

Tentes et baraques ont été dressées pour abriter le matériel et les différents services du meeting. En fait, elles servent surtout à préserver de la chaleur : près de 30° ; et comme cela s'était passé l'année dernière dans le Puy-de-Dôme, les aviateurs manquent d'air. Plus précisément de vent. Cela se ressent sur les performances. Les spectateurs ne sont pas repartis déçus : le vendredi 24, *pour la première fois au monde,* cinq appareils sans moteur ont tenu l'air en même temps. Aux commandes, Maneyrol, Thoret, Simmonet (Belge), Descamps et Barbot. Ce dernier, au grand dam de l'agriculteur, termina son vol dans un champ de blé.

En haut : l'aviation aux champs. Vue générale des installations provisoires de Vauville.
Ci-contre : faute de vent, les concurrents se distraient comme ils peuvent. Ici, Laudes, devant son appareil, tente sa chance avec un modèle réduit.

Grand Prix de la moto-aviette
Après les éliminatoires (une montée à 500 mètres en moins de 30 minutes) qui se sont déroulées les 13 et 14 juillet, le Grand Prix de la moto-aviette se dispute dimanche 15 juillet sur l'aérodrome Blériot, à Buc. Cette épreuve, créée et organisée par *Le Petit Parisien,* impose aux concurrents de couvrir une distance d'au moins 300 kilomètres. Ce qui, compte tenu des orages violents qui ont succédé à la canicule des jours précédents, n'est pas une mince affaire. Néanmoins, les vedettes ne se sont pas découragées. Ont répondu présents : Barbot et Doret, sur *Dewoitine ;* Bossoutrot, Coupet, Drouhin sur *Farman ;* Thoret, sur *Bréguet* et Goegel sur *Simplex*. Arrivé à 10 heures, M. Laurent-Eynac, sous-secrétaire d'état à l'Aéronautique, a pu assister, sous le tonnerre et les trombes d'eau, à la victoire de Coupet sur *Farman*.

En haut : pesage de l'une des trois moto-aviettes Dewoitine.
Ci-contre : avant l'épreuve, Barbot converse avec Laurent-Eynac.

Le Wibault *3CI désentoilé sur le terrain de Biskra.*

Juan de La Cierva à côté de son autogire.

La demoiselle au parachute
Pas superstitieuse pour deux sous, Mlle Cousin (ci-dessus) s'est lancée dans le vide, le 13 novembre, d'une hauteur de 350 mètres, rééditant l'exploit de Garnerin du 22 octobre 1787. Mlle Cousin a sauté au moment où l'avion, piloté par Fronval, effectuait un périlleux tonneau. L'atterrissage s'est passé sans histoire à Issy-les-Moulineaux.

Des étranges machines
Dépouillé de son entoilage, ce monomoteur *Wibault* permet d'apprécier la finesse de son ossature. Quant à cet autogire, c'est le déjà célèbre appareil de l'Espagnol La Cierva. Le premier à avoir évolué aussi librement qu'un avion s'était envolé le 31 janvier sur le terrain de Cuatro Vientos piloté par le lieutenant Gomez Spencer.

La mort d'un as
La France fait des obsèques grandioses au célèbre pilote Jean Casale, héros de la guerre, encore tout auréolé par son record « d'altitude » : 10 000 mètres en caisson. Il avait 30 ans. L'accident s'est produit le 23 juin. A 600 mètres de hauteur, le quadrimoteur *Blériot* que pilotait Casale a heurté un aérobus anglais au-dessus de la commune de Daméraucourt, dans l'Oise.
Jean Casale, chef pilote de chez Blériot, à Buc, est mort avant d'avoir pu réaliser son rêve : ravir le record d'altitude détenu par l'Américain Schroder avec 10 518 mètres. Tous les grands noms de l'aviation se sont retrouvés au Val-de-Grâce pour les obsèques célébrées le 27 juin : Henry Farman, le comte de La Vaulx et, bien sûr, ses camarades de combat, Fonck et Madon.

Le record de Thoret
Le lieutenant Jean Thoret vient d'ajouter une superbe performance à un palmarès déjà bien fourni : le 3 janvier, près de Biskra, il a battu le record du monde de vol sans moteur : son avion, un *Hanriot HD 14,* en possédait pourtant un excellent de 80 HP. Thoret a coupé son moteur au-dessus du Delouatt dont les courants ascendants lui ont permis de tenir l'air pendant 7 h 3 min. Cette expérience a un grand retentissement car elle met en valeur la vertu essentielle du vol plané et du vol à voile : leur qualité éducatrice.

Ravitaillement en vol
Autre record à porter au crédit des pilotes américains : le capitaine Smith et le lieutenant Richter ont volé pendant 37 h 15 min., battant de 1 h 20 min. le record de leurs compatriotes Mac Ready et Kelly : 36 h 5 min. 20 s les 16 et 17 avril. On voit sur notre document l'appareil ravitailleur piloté par un équipage spécialement entraîné depuis des mois, donner à boire au « bébé » à l'aide d'une « paille ».

Week-end aérien
Ils sont Français, Anglais ou Belges. Leur point commun : ils possèdent un avion. L'Aéro-Club de France les a invités à un week-end sportif au Touquet. Venu de la région parisienne, de Bruxelles ou de Croydon, les appareils se sont posés sur la plage de Berck (ici un *Handley-Page*). Deux voitures chenillées emportent, l'une les bagages ; l'autre, les passagers. Si, parmi les invités de ces journées sportives et aéronautiques, on a remarqué Sir Samuel Hoare, ministre anglais de l'Air et le duc et la duchesse de Sutherland, c'est Mlle Adrienne Bolland, l'héroïne de la Cordillière des Andes, qui remporta tous les suffrages. Féminité oblige : après l'atterrissage, elle remisa dans la carlingue sa veste de cuir, son casque et ses lunettes pour apparaître en toilette dernier cri. Pendant les épreuves de la journée du 24 juin, les aviateurs sont allés saluer, à Boulogne, la Colonne de la Grande Armée.

Record pour Sadi Lecointe

C'est à 16 h 54 min, le 2 août, que Sadi Lecointe a enlevé son *Nieuport-Delage* pour tenter de redonner à la France le record d'altitude. Après 1 h 20 min de vol, il doit renoncer à monter plus haut : une bouteille d'oxygène fonctionnait mal. Hélice calée, l'appareil regagne le sol après une descente de 35 min. Aussitôt démontés par les commissaires de l'Aéro-Club de France, les barographes qui indiquent 10 800 mètres sont envoyés au laboratoire des Arts et Métiers. S'il a fait mieux que Schroder, Sadi Lecointe n'en restera pas là : le 30 octobre, il atteindra l'altitude de 11 145 mètres.

Pour stimuler les constructeurs, le secrétaire d'Etat à l'Aéronautique a fait affecter un crédit de 150 000 F destinés à la mise au point d'avions permettant à la France d'engranger toutes sortes de records.

Sadi Lecointe, vu par Bering.

L'Automobile au Salon

Tous les ans, immuable, le rituel se perpétue. Tout ce que la France et le monde comptent de constructeurs et d'inventeurs se retrouve sous les voûtes du Grand-Palais pour présenter au public ses dernières nouveautés. Monsieur Millerand, venu de l'Elysée en ... Voisin, a inauguré cette 18e édition à 10 heures du matin, le samedi 6 octobre. Il était accompagné de MM. Maunoury, Le Trocquer, Dior, Colrat, Laurent-Eynac, Henry Paté, du préfet de la Seine, du préfet de Police et du général Gouraud. La visite du président a duré 1 h 30. A sa sortie, M. Millerand a fait part de sa satisfaction de voir les efforts accomplis pour faire de ce salon une manifestation grandiose.

En haut : le stand Lancia.
Ci-dessus : une incontestable réussite de l'industrie automobile américaine, la célèbre Ford T. Le modèle n'est pas nouveau : le premier exemplaire est sorti des chaînes de Détroit en 1908. Sa carrière sera longue.
Ci-contre : une publicité pour la Torpédo Citroën 10 HP. Elle est proposée aux prix de 15 200 F.
A droite : les rutilants châssis de Panhard-et-Levassor n'attendent plus qu'une jolie robe.

Le Salon de l'Automobile offre à la presse, spécialisée ou non, l'opportunité de poser de graves questions. Celle de 1923 est la suivante : la France peut-elle voir se produire chez elle le miracle américain ? Les Etats-Unis comptent en effet 12 millions d'automobiles pour 100 millions d'habitants. Et les journalistes dissertent sur le sujet, chacun selon sa propre vision des choses. Néanmoins, un fait apparaît pour certain : le « transport lent, par les pieds ou par la voiture attelée » ne correspond plus aux besoins de l'époque.

Il faut, aujourd'hui, aller vite et partout, car la concurrence est vive. Le chemin de fer reste sans égal pour les transports lourds mais il doit, lorsqu'il arrive au bout de son ruban ferré, être relayé par un engin capable, par sa mobilité, de fouiller le pays dans ses moindres recoins. Et là, l'automobile et le camion sont sans égal. Mais l'achat d'une automobile représente un gros effort financier. La solution, c'est peut-être celle de Citroën, qui vient d'instituer, cette année, la vente à tempérament.

Soigner la ligne

C'est l'évidence du Salon 1923 : les constructeurs ont fait porter leurs efforts sur les carrosseries. Les constructeurs se penchent sérieusement sur les formes puisque, aux vitesses élevées – 100 km/h par exemple –, les trois quarts de la puissance du moteur sont employés à vaincre la résistance de l'air. Pour

En haut : les chambres votent une loi obligeant les importateurs d'essence à acheter une quantité d'alcool égale à 10 % des quantités d'essence qu'ils font entrer en France. D'où un stock de plus d'un million d'hectolitres d'alcool à résorber. Pour éviter les désagréments d'un combustible médiocre, des constructeurs (ici Berliet) proposent des camions à propulsion électrique.
Ci-dessus : la firme Delage vient de mettre au point une nouvelle voiture de pompiers capable d'alimenter 21 lances.
Ci-contre : les informations descendent dans la rue grâce à ce camion-radio du magazine Je sais tout.

Ci-contre et ci-dessous : deux exemples types qui ont amené les législateurs à considérer l'automobile comme un jouet luxueux. En impôts directs ou indirects, les automobilistes ont versé au fisc, en 1922, quelque 550 millions. Ce ne sont pas les propriétaires de cette Torpédo et de cette Rolls Royce, vues par Jacques-Henri Lartigue, qui diront le contraire.

le confort de l'automobiliste, même les plus petits défauts ont leur importance. Paradoxalement, on a rarement à se plaindre des satellites du différentiel, mais en revanche, que de combats obscurs et opiniâtres menés contre le système de fermeture des portières !

A gauche : fonction oblige, le président de la République vient inaugurer le Salon dans une automobile française, une Voisin.
En voyant cette publicité de la firme Peugeot, qui se souviendra que la bicyclette à moteur est née de la rencontre en 1869 d'un moteur à vapeur d'encombrement réduit, mis au point par l'ingénieur Perreaux, et du vélocipède de Michaux ?

Le meeting de Boulogne

Apothéose du meeting de Boulogne-sur-Mer, la coupe Georges-Boillot – ainsi nommée en hommage au frère du coureur, mort pendant la guerre –, se déroule le 2 septembre. Les 23 voitures au départ doivent parcourir 12 tours de circuit, soit 488,500 km.
Plusieurs cylindrées : les 4,5 litres représentées par deux Hispano-Suiza ; dans la catégorie des 2 à 3 litres, deux Chenard-et-Walker ; dans celle des 1,5 à 2 litres on attend beaucoup de la confrontation entre la Bugatti « tank » de de l'Espée et la Bignan d'Elgy.
Rappelons que pour être admis au classement final, le vainqueur de chaque catégorie devait accomplir une moyenne supérieure d'au moins 3 p. cent à celle du vainqueur de la catégorie précédente. A 13 h 56, la première voiture effectue son dernier tour. L'ordre des arrivées est le suivant : Garnier sur Hispano-Suiza en 3 h 55 min 48 s 2/5 ; Boyriven, sur Hispano-Suiza en 4 h 21 min 26 s ; Pisart sur Chenard-et-Walcker en 4 h 46 min 47 s ; Morillon, sur Peugeot en 5 h 11 min 39 s 2/5 ; Lagache sur Chenard-et-Walcker en 5 h 42 min 0 s 3/5. Après s'être gavés de kilomètres, les pilotes se sont réunis autour d'une table de banquet, présidée par M. Henri... Paté. L'automobile nourrit son homme.

En haut, les Benoist, père et fils. Né en 1895 à Auffargis, Robert Benoist est une figure bien connue des amateurs de courses automobiles. Au meeting de Boulogne, il remporte le prix des cyclecars, couvrant les 488,500 km du circuit en 4 h 25 min 47 s.
Ci-contre : à l'occasion du meeting, les organisateurs ont offert en prime au public un concours d'élégance automobile. Dans la catégorie « sport », le prix a été décerné à M. Farman sur... Farman bien sûr.
Ci-dessous : un passage de de l'Espée sur sa Bugatti au carénage très particulier.

Paris-Pyrénées – Paris

Véritable marathon automobile que ce Paris-Pyrénées-Paris organisé par *Moto Revue* et *Le Petit Parisien.* Dans la catégorie des cyclecars 750 cm³, Mme Violette Morris, Lenfant et Hibert (à gauche) ont fait merveille sur leur Benjamin. Dans la catégorie 1 000 cm³, Lejeune, (ci-dessous) sur BNC, enlève la médaille d'or.

Paris-Nice

Endurance obligatoire pour les concurrents du Criterium international de tourisme qui emmène les concurrents de Paris à la Promenade des Anglais. Et, en plein mois de février, ce n'est pas une mince affaire. En course : des cyclecars, des motocyclettes, des voitures de tourisme : De Dion Bouton 10 HP, Voisin 8 HP qui sera première de sa catégorie au classement général, Peugeot, qui arrivera deuxième. Des voitures à vocation sportive aussi, comme cette Amilcar pilotée par Morel, vainqueur en catégorie « sport ».

Le Grand Prix de l'ACF

Belle course classique sur le circuit de Touraine avec l'épreuve pour voitures de tourisme, dimanche 1er juillet et la coupe de vitesse, le lundi 2. Vingt-deux partants dans la première épreuve, douze à l'arrivée ; dans la catégorie des voitures légères, Peugeot se taille la part du lion avec six premières places.

Plus haletante est l'épreuve de vitesse : sur 17 partants, cinq seulement franchissent la ligne d'arrivée. Et pourtant, il y avait de grands noms : de Viscaya, Bordino, Seagrave, Guyot, Hemery.
C'est l'Anglais Seagrave, officier dans le RFC *(Royal Flying Corps)* pendant la guerre, qui remporte l'épreuve sur Sunbeam à la moyenne de 121,400 km/h. Un Italien, Bordino, sur Fiat s'adjuge le record du tour en couvrant les 22,830 km du circuit à la moyenne remarquable de 142,187 km/h.

UN PNEU QUI NE MANQUE PAS D'AIR

Déjà trente fois vainqueur depuis le début de l'année dans toutes les épreuves classiques, le Dunlop Cord participait au grand prix de vitesse avec ses petits pneus de 28 pouces alors que ses concurrents avaient adopté des pneus de section bien supérieure. Aucun incident ne vint contrarier la marche de ceux qui avaient choisi le Dunlop. En 1907, déjà, Dunlop avait fait parler de lui : dans le Paris-Pékin, le même train de pneus avait parcouru près de 10 000 kilomètres.

En haut : l'Anglais Lee Guiness au virage de La Membrolle. C'est à cet endroit que l'Italien de Viscaya sortit de la route après avoir heurté un arbre. Projetée sur la balustrade, sa voiture blessa 15 spectateurs.
Ci-dessus : remorquées à la queue leu leu, les bêtes de course gagnent le point de départ.
Ci-contre : le circuit de l'épreuve pour voitures de tourisme, passait par La Membrolle, Semblançay et Charentilly. On voit ici Georges Boillot, pilotant la Peugeot n° 23 (catégorie des plus de 3 litres). Il couvrit les 24 tours de circuit, soit 502,260 km en 6 h 2 min 51 s 3/5 à la moyenne de 83,102 km/h.

Grande première au Mans

Pour la première fois, le circuit automobile de la Sarthe voit se dérouler, les samedi 26 et dimanche 27 mai, une épreuve d'un genre nouveau : elle a été conçue pour tester les capacités d'endurance des voitures. Celles, aussi, des pilotes qui n'ont pas été découragés par le côté marathonien de la course : ils doivent tenir la route pendant 24 heures. Et pas n'importe comment. En réalisant, sous peine d'élimination, des moyennes minimales élevées, déterminées en fonction de la cylindrée des véhicules.

Pour cette première, le circuit de la Sarthe n'a pas fait le plein : il tombe une pluie fine et les spectateurs boudent cette course qu'ils ne connaissent pas. Aussi, les organisateurs, Claude Faroux, Georges Durand et Emile Coquille, ont le moral à l'image du temps : maussade.

Les concurrents sont 33 sur la ligne de départ. Dès le début de la course, une averse de grêle s'abat sur la piste. Les roues y creusent de profondes ornières : le circuit – 17,262 km –, emprunte la nationale 158 et quelques... chemins de traverse, comme celui qui va de Mulsanne à Arnage. Dans le virage de Mulsanne, justement, l'armée a installé des projecteurs anti-aériens. Ailleurs, la piste est balisée par de chétives lampes à acetylène. Pendant la nuit, des voitures sortent de la route.

Ci-dessus : l'affiche de la course annonce : « Grand prix d'endurance de 24 heures, organisé par l'Automobile Club de l'Ouest de la France. Grande fête de nuit, feu d'artifice sportif, jazz band, attractions, buffet, bar américain ».
Ci-contre : avant le départ, les fauves au repos. Sur trente-trois partants, il n'y aura que trois abandons.
Ci-dessous : si les voitures avaient une âme, elle serait bien fière, l'ancêtre revenue sur les lieux de son exploit. C'est en effet avec ce modèle qu'Amédée Bollée, fils d'un fondeur de cloches, effectua en 1873 un mémorable trajet du Mans jusqu'à Paris.

Au petit matin, les Chenard-et-Walcker, de Lagache-Léonard et Bachmann-Dauvergne mènent la course. L'unique Bentley de J.F. Duff et F.C. Clement lutte courageusement et, malgré son réservoir crevé, elle s'adjuge le record du tour : 107,328 km/h. A 16 heures, le drapeau à damiers s'abaisse. Avec 2 209 kilomètres parcourus, à la moyenne de 92 km/h, Lagache et Léonard deviennent les premiers vainqueurs des premières 24 Heures du Mans.

En haut : l'une des deux Salmson, celle de Desvaux et Casse et, à droite, l'une des trois Lorraine-Dietrich de 3 litres.
Ci-dessus : encore peu de spectateurs pour admirer les pilotes !
Ci-contre : venue encourager ses sœurs sportives, une Rolland-Pillain « bourgeoise ».

De Touggourt à Tombouctou : la soif, la peur et le soleil

Une fois n'est pas coutume. On a inversé les termes d'un dicton bien connu qui est devenu pour la circonstance : « Qui peut le moins peut le plus ». En effet, après avoir été testées dans les dunes du Pyla et en forêt de Senlis, dans la « mer de sable », les voitures spéciales à chenilles d'André Citroën se sont lancées à l'aventure. Et pas n'importe laquelle : une traversée du Sahara de Touggourt à Tombouctou, au Niger. En tout, 2 500 kilomètres que les participants espèrent couvrir en une quinzaine de jours. Si tout va bien.

Qui sont les audacieux explorateurs ? M. Georges-Marie Haardt, directeur-général des usines Citroën, M. Audouin-Dubreuil, an-

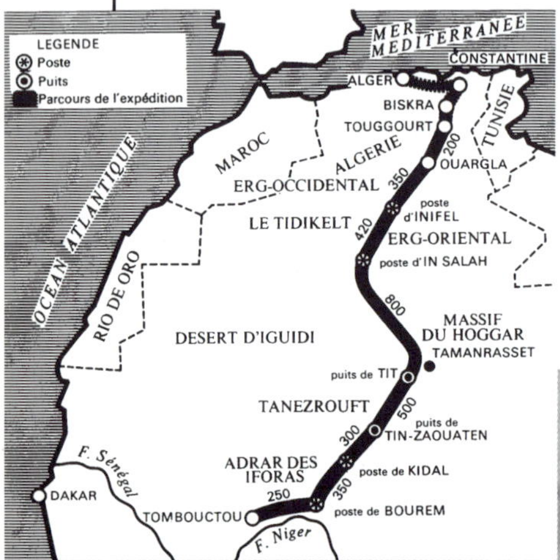

A gauche : le trajet suivi par l'expédition Haardt-Audouin-Dubreuil.
Ci-contre : en présence du colonel Mangeot, commandant la région, le chef de la mission, M. Haardt, remet le sac contenant le premier courrier transaharien automobile.
Ci-dessous : une halte dans les sables et la confrontation des automobiles avec les vaisseaux du désert.

cien lieutenant aviateur, le lieutenant Estienne, fils du général Estienne, créateur du char d'assaut, M. Castelnau, docteur es Sciences et géographe, le sergent Chapuis, un vieux saharien qui connaît tous les dialectes du désert. Chacun d'eux est accompagné d'un mécanicien éprouvé.

Et les automobiles ? Ce sont des véhicules équipés de chenilles *Kegresse,* du nom d'un ingénieur français qui fut, pendant longtemps en Russie, attaché aux services automobiles du tsar. Quant au moteur, il est identique à celui des Citroën de tourisme. On a simplement supprimé le démarreur électrique.

Ci-dessus : les deux chefs de la mission, Haardt à droite et Audouin-Dubreuil à gauche (également en médaillon). Derrière eux, l'une des cinq voitures de l'exploit surmontée d'une solide mitrailleuse. Le désert réserve encore de mauvaises surprises.
A droite : au retour de l'expédition, M. et Mme André Citroën sont venus accueillir à In-Salah l'équipe que l'on voit, ci-dessous, au grand complet.

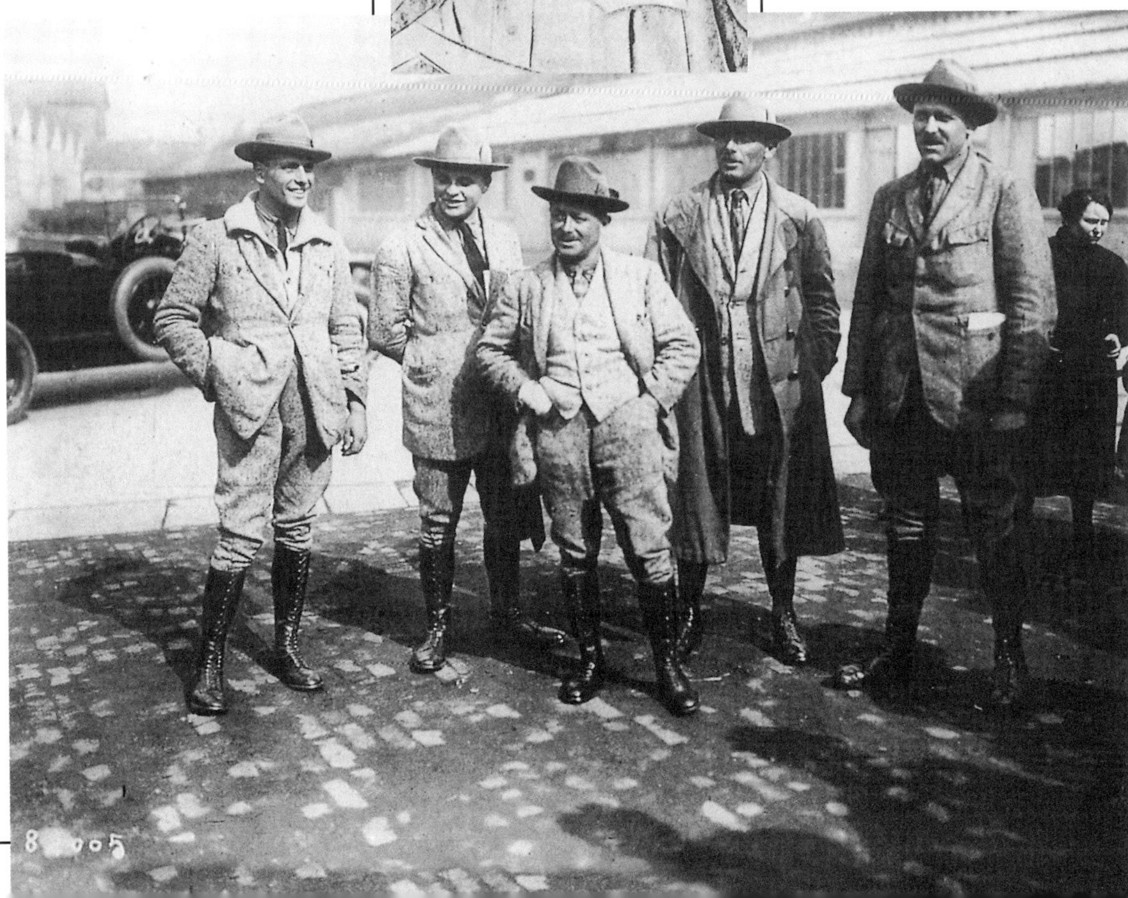

La caravane des cinq voitures quitte Touggourt le dimanche 17 décembre 1922. Bilan de la première journée : 160 kilomètres parcourus jusqu'à Ouargla.
Le lendemain, direction Inifel puis In-Salah, Tamanrasset (où l'équipe se recueille un moment sur les tombes du général Laperrine et du père de Foucault) et ce Hoggar, cher aux romanciers.
Surnommé le « pays de la soif et de la peur », le Tanezrouft n'a pas trahi sa réputation. Déjà cuits par un soleil implacable, les explorateurs ont été engloutis au début de la journée par une tempête de sable. Seul moyen pour se diriger : la boussole. La moindre erreur de navigation eût été fatale : sur 500 kilomètres, le Tanezrouft n'offre pas le moindre puits. Le 7 janvier 1923, à 10 heures du matin, les cinq automobiles font leur entrée à Tombouctou, où les équipages sont acclamés par la population et la garnison française. Ainsi se termine, dans les conditions prévues, une randonnée jugée impossible quelques mois plus tôt.

Avec ce numéro : LA PETITE ILLUSTRATION contenant
Le Masque de Fer, pièce en quatre actes, en vers, par M. Maurice Rostand

L'ILLUSTRATION

RENÉ BASCHET, directeur. — SAMEDI 27 OCTOBRE 1923 — 81e Année. — N° 4208. — Gaston SORBETS, rédacteur en chef.

APRÈS LE TREMBLEMENT DE TERRE DU JAPON : M. PAUL CLAUDEL, AMBASSADEUR DE FRANCE, DEVANT LES RUINES DE NOTRE AMBASSADE, A TOKIO

Phot. de M. [illegible]. — Voir l'article et les autres photographies, pages 405 à 409.

Paul Claudel – dont c'est le premier poste d'ambassadeur –, devant les ruines de l'ambassade de France. Il a perdu dans la catastrophe les premiers manuscrits du Soulier de Satin.

L'archipel en feu

Lisbonne, San-Francisco, Messine et, au Japon même, 8 331 secousses entre 1885 et 1892 ! Mais le tremblement de terre qui secoue, le 1er septembre, la côte est de l'Empire du Soleil Levant, dépasse en intensité tout ce que l'histoire avait pu enregistrer jusque là. A 11 h 55, dans un grondement formidable, le sol se soulève puis s'effondre, se creusant de fissures infranchissables. Un gigantesque incendie se déclare aussitôt.

Il faudra plusieurs semaines pour établir un bilan approximatif de la catastrophe. A Tokyo, on compte 72 000 morts, 334 000 maisons brûlées ou écroulées, 1 350 000 sans abris. Yokohama est plus atteint encore : 23 000 morts et 40 000 blessés pour ce port de 440 000 habitants, dont il ne reste quasiment rien. La base navale de Yokosuda et son arsenal sont entièrement détruits. Le gouvernement vote 530 millions de yens (4 milliards de francs) pour les secours et la reconstruction et, de tous les pays, les subsides parviennent au malheureux archipel.

Côté français, on déplore la mort de notre consul à Yokohama, M. Paul Déjardin. Paul Claudel, notre ambassadeur, est sain et sauf. Il parcourt à pieds soixante kilomètres pour retrouver sa fille – il apprendra plus tard qu'elle est à bord du croiseur *Colmar.* Ayant pu, comme tant d'autres, trouver refuge à bord du paquebot *André-Lebon,* il en redescend quotidiennement pour organiser les secours, exemple, parmi tant d'autres, de courage et de dévouement.

C'est dans la basse ville de Tokyo que la secousse a été le plus fortement ressentie. Ici, ce qui reste du quartier populeux de Nihon-Bashi, centre des théâtres, des restaurants et du commerce...

Le prince héritier Hiro-Hito, régent de l'Empire, est sain et sauf. Il commence aussitôt à superviser d'énergiques mesures de reconstruction, avec son chef de gouvernement, l'amiral Yamamoto.

Midinettes en grève

Le bal des grévistes
Elles n'étaient pas contentes, elles le font savoir. Le 24 avril, les midinettes votent la grève, au cours d'un meeting dans la grande salle de la Bourse du Travail, mettant en émoi les patrons de la Haute couture et le gouvernement.
Aussitôt pleuvent propositions et tentatives de conciliation : les délégués patronaux promettent le paiement intégral des congés et moins de chômage dans la profession. Le gouvernement, de son côté, s'efforce de ramener les syndicats à la raison.
Peine perdue, la matinée s'achève sans résolution. Les grévistes en profitent pour prendre d'assaut (de charme) un taxi en direction des Buttes-Chaumont où un bal est organisé à leur intention.

Solidarité ouvrière
Au deuxième jour de grève, s'organisent des quêtes en faveur des grévistes. Sûres du bien-fondé de leurs revendications et de la popularité de leur mouvement, les midinettes, malgré leurs difficultés passagères, conservent bon moral. Les petits ruisseaux faisant les grandes rivières, chaque sou versé dans leur tirelire leur permet de tenir tête avec une volonté jusqu'ici insoupçonnée.

Salle de couture
En attendant que leur meeting ait lieu, les premières arrivantes trompent le temps par des travaux de couture. Avant de se transformer en centre de débats et de brouhaha, la grande salle de la Bourse du Travail perd de son solennel pour n'être qu'une charmante réunion de cousettes.

Au Palais

L'année apporte son lot de crimes crapuleux, d'affaires sordides et les inévitables drames de l'alcoolisme. Mais les grandes affaires, celles qui retiennent l'attention, sont souvent teintées de politique, et de ce fait leur morale est ambiguë. Comment condamner Germaine Berton quand on a acquitté Villain ? Judet, jugé hier par contumace, n'est-il pas acclamé aujourd'hui ? Et croire que l'industriel Krupp fera vraiment ses quinze ans de prison ?

L'assassin Delval condamné
Le 18 avril, à Draguignan, c'est la première audience du procès de Marcellin Delval, accusé de vol qualifié, assassinat, tentative de meurtre et violences à agent. Le 8 décembre 1922, au cours d'une poursuite mouvementée, Delval a tué d'un coup de revolver M. Charles Blanc, directeur de la police d'Etat à Toulon, chargé de l'arrêter. Ici, l'inspecteur Foggiani, qui blessa Delval, dépose à la barre des témoins. Delval, au banc des accusés, se tient debout, à l'extrême droite.

Judet libre et acclamé
Ernest Judet est-il coupable d'intelligences avec l'ennemi ? Le procureur général lui a reproché ses fréquents voyages en Suisse, où il s'est installé en 1917, mais le journaliste pacifiste, ancien directeur de *L'Eclair*, était favorable au rapprochement franco-allemand bien avant 1914.
Le 9 juillet, Ernest Judet, défendu par Maître Léouzon Le Duc, est acquitté par 11 voix contre 1. A sa sortie de la Conciergerie, accompagné par sa famille et félicité par ses amis, il est acclamé et, très ému, ne peut retenir ses larmes.

Germaine Berton acquittée
Sous la pluie, la foule se presse à Paris devant le palais de Justice, le 24 décembre, en attendant le verdict qui doit décider du sort de Germaine Berton, la meurtrière du chef des Camelots du roi, Maurice Plateau, incarcérée depuis le mois de janvier. Au bout d'une demi-heure de délibération, le jury prononce l'acquittement de l'accusée. Son défenseur, Maître Torrès, a plaidé la passion politique et invoqué le précédent de l'acquittement de Raoul Villain, meurtrier de Jaurès. Germaine Berton, impassible, n'a pas eu une parole de regret.

Liberté provisoire pour Cachin
Madame Cachin est venue chercher son mari à la prison de la Santé. C'est le 7 mai : le député communiste Marcel Cachin est mis en liberté provisoire en même temps que ses dix co-inculpés, en attendant la formation de la Haute-cour de Justice qui devra juger l'affaire du « complot communiste » contre la sûreté de l'Etat. Seuls le libertaire Péri et le député allemand Hoellein n'ont pas bénéficié de cet élargissement provisoire. Cachin, opposé à l'occupation de la Ruhr, était en prison depuis le 20 janvier.

Le pique-nique du comte Krupp
Depuis le 5 mai, devant le conseil de guerre français de Werden, le comte Krupp von Bohlen et les directeurs de ses usines répondent des incidents graves qui ont fait des morts en mars à Essen. Krupp va être condamné à quinze ans de prison et 100 millions de marks d'amende, mais il se pourvoiera aussitôt en révision.

Le meurtrier aux dix enfants
Fait divers navrant, le 19 novembre, à la Croix au Bailly, dans la Somme. Emile Pion, alcoolique, brutalisait sa femme qui va se réfugier chez son beau-frère. Emile en tirant sur celui-ci tue un ami. Ci-contre : Emile Pion, et les photos des familles du meurtrier et de son frère devant la maison du crime.

A Pélissier, le Tour du XXe anniversaire

Pour cette prestigieuse « grande boucle » qu'il a créée en 1903 avec Victor Goddet et Géo Lefevre, Henri Desgrange propose aux « géants de la route » 5 600 kilomètres répartis en quinze étapes. 378,33 km de moyenne quotidienne ! Henri Pélissier, triple vainqueur du Tour de Lombardie, double lauréat de Paris-Roubaix, stimulé par son frère Francis et admirablement soigné par Henri Manchon, triomphe enfin dans cette épreuve qu'il considéra longtemps comme « une besogne indigne de lui ».

Malgré la médaille de Saint-Christophe, qu'il porte sur lui, Degy crève en moyenne huit fois dans les étapes qui conduisent au pied des Pyrénées et permettent à Jacquinot, Bottecchia, Dejonghe et Henri Pélissier de glaner des bouquets non sans avoir animé la course. A la faveur des premiers reliefs pyrénéens, Jean Alavoine passe à l'offensive et s'impose dans Bagnères-Luchon (326 km), et Luchon-Perpignan (323 km). Sa prouesse dans le Tourmalet, où il rattrape Bottecchia, lui vaudra le mémorable « Je te salue gars Jean » de Robert Jacquinot, défaillant lui aussi après avoir tenté une belle échappée. Alavoine s'impose encore à Nice et devient menaçant pour Bottechia qui boit beaucoup trop d'eau, comme pour Henri Pélissier, lorsqu'une terrible chute dans l'Isoard le contraint à l'abandon. Henri triomphe à Briançon et à Genève et endosse le maillot jaune qu'il ramènera à Paris avec une avance de 32 minutes sur Bottecchia.

Aussi poissard que Christophe qui officie à présent sur la course comme inspecteur des ventes, le populaire Alavoine, le bras en écharpe, effectue un tour d'hon-

Le Tour épouse alors réellement le profil de la France, comme en témoigne ce tracé offert par les cycles Baggi-Samyn dont le poulain Patesi terminera douzième et premier des courageux touristes-routiers. C'est dire que des pavés de Rouen (ci-contre) à l'arrivée à Bayonne où Jacquinot (en haut) décroche la timbale, les géants de la route auront le temps de bûcher leur géographie.

neur au Parc des Princes pour remercier les souscripteurs qui lui ont permis de gagner autant que le vainqueur.
Un vainqueur prudent (moyeu de roue arrière toujours muni de quatre pignons à roue libre) et clairvoyant : sa musette anti-fringale contient un bidon de Vichy et d'eau sucrée avec fine, deux tartelettes, trois bananes, du poulet, trois gâteaux de riz, deux sandwichs beurrés au jambon, une omelette, du chocolat au lait, des pruneaux et des pêches. Il sera élu par 9 825 des lecteurs de *L'Auto* : « roi de la route ». Une justice quand l'on sait que cette saison-là, en compétition comme à l'entraînement, Henri couvrira 20 930 kilomètres !

Du Tourmalet, d'où Jean Alavoine s'envole, au Parc des Princes où, ceint de l'écharpe de la ville de Paris, Henri Pélissier, « le plus populaire champion vainqueur de l'épreuve la plus populaire », est acclamé, il faudra en franchir des ponts, comme ici à Pont-de-Roide où un pochard tend son litron en lui criant : « tu sais p'tiot, c'est du bon ».

D'une classique à l'autre

Disputée en juillet, l'épreuve la plus populaire du calendrier, le Tour de France, est fort heureusement encadrée par les grandes classiques de printemps et d'automne, et par des courses de 6 jours qu'enflamment les vélodromes couverts, en hiver. C'est dans ces univers que, grâce aux infatigables chevaliers de la plaque sensible – on ne les remerciera jamais assez –, nous nous proposons une petite incursion. Une visite où, cette année, nous ne rencontrons guère de compatriotes...

Paris-Bruxelles, Bordeaux-Paris et Paris-Tours demeurent des chasses gardées belges, exception faite de Paris-Roubaix qui, cette année, n'échappe pas au Suisse Henri Suter. Sur piste, si le jeune sprinter amateur Lucien Michard nous décroche un titre mondial, les professionnels Kaufmann (Grand Prix de Paris) et Moeskops (Grand Prix U.V.F.) dominent nos représentants sans coup férir. Mais nous nous consolons avec les beaux titres de champions de France sur route d'Achille Souchard (amateur) et Francis Pélissier (professionnel, contre la montre). La réussite des 6 jours de Paris, où Oscar Egg et Piet Van Kempen couvrent la bagatelle de 3625, 150 km en 144 heures, met un point final à une année de grande cuvée. En 1923, restent les épreuves disputées au cours de la fête des Caf'Conc, pour donner aux Français la chance de recevoir un bouquet ou d'embrasser la Miss.

L'enfer du Nord
Dans un Paris-Bruxelles boueux à souhait, Félix Sellier, ici à Rocroy en compagnie de Scieur, s'impose pour la deuxième année consécutive, à l'issue de 16 heures de selle pour 400 kilomètres, au menu.
Le chroniqueur André Reuze note que « dans les contrôles, les coureurs se lavaient le visage avant de boire ». Muller, un Alsacien se met en évidence en finissant seizième après avoir effectué 8 kilomètres à pied, à la suite d'un bris de roue.

Paris-Tours de cochon
Disputée dans la pluie et le vent, la course ressemble plus à une galère qu'à une visite des châteaux de la Loire. Après maints sauts de chaîne, Paul Deman connaît enfin la joie de montrer sa roue arrière à Sellier et Tiberghien. La moyenne ressort tout de même à 25 km/h. Ici, page de droite, le passage à Vendôme.

Le monde à l'envers ?
En général, ce sont les vélos qui sont pleins de boyaux. Ici, à l'arrivée du Championnat de France amateur, enlevé par Souchard du Vélo Club de Levallois devant le local Rousset, c'est le boyau qui déborde de vélos ! Est-il utile de préciser que ce document insolite a été pris dans le Bordelais, pays de bon vin s'il en est ?

Les nuits de Bruxelles
Les 6 jours, où Moeskops et Sergent débutent et où Ali Nefatti voit son avance de 200 tours réduite à néant par des commissaires craintifs, connaissent un énorme succès. Et si Debaets et Van Hevel s'imposent (3 347 km en 144 heures), les frères Gérard et Leopold Plas, ainsi que Dils et Goosens leur mènent la vie dure.

Au tableau d'honneur

Un coup de ciseau
Honneur au sauteur en hauteur Pierre Lewden. Au prix de minutieuses recherches et études techniques, il parvient, en juillet, à propulser ses 1,68 m au-dessus d'une barre posée à une hauteur de 1,93 m ! Ce nouveau record de France, il s'offre le luxe de l'établir lors des Championnats Internationaux d'Angleterre, grâce à un superbe ciseau.

La saison du blanc
Pour les joueurs de tennis, l'obstacle, en l'occurrence le filet, se complique de la présence d'adversaires. Malgré ces deux inconvénients, Henri Cochet – classé dixième mondial –, et René Lacoste se mettent en évidence. Sur court couvert tout d'abord, où le premier conserve son titre de champion du monde aux dépens de l'Anglais Gilbert, et où le second conquiert celui de champion de France. En plein air ensuite, et nous les découvrons ici, fin juillet à Deauville, pour la finale de la zone européenne de la Coupe Davis.
Quant aux Championnats du monde sur terre battue, ils voient à Saint-Cloud, Suzanne Lenglen la bondissante, conquérir un nouveau titre en éliminant Miss Mac Kane, et l'Américain Johnston terrasser le Belge Washer à l'issue d'un match acharné (4-6, 6-2, 4-6, 6-3) mais empreint de bonne humeur.

Des roses pour Toulouse
Comme en 1922, bouclier de Brennus en jeu, à Colombes, le Stade Toulousain domine une nouvelle fois l'Aviron Bayonnais : 3-0. Malgré Billac, Behotéguy, Pardo ou Roe, les Basques ne peuvent empêcher Adolphe Jauréguy de pointer son inévitable essai.
Le Quinze du Stade, que l'on voit ici pour la photo souvenir d'avant le match, se composait ainsi : Saverne ; Jauréguy, Borde (capitaine), Nougal, Dournac ; (o) Galau ; (m) Berges ; Larrieu, Prévost, Bioussa ; Lubin, Pépion ; Serres ; Bayard, Maury.

Des lauriers pour Heuet
Quatrième au Cross des Cinq Nations, où l'Équipe de France s'impose par équipes, Gaston Heuet a remporté brillamment le Championnat de Paris de cross-country.

Des jambes
Malgré les 17 éclats d'obus récoltés à Douaumont, Jean Vermeulen, ici avec son fils, s'impose dans le prix Lemonnier (Versailles-Paris), le prix de *L'Auto* et le challenge Aycaguer de cross de Lyon.

Des roues
Déjà champion de France 1922 des 500 cc, le motocycliste Zind, sur Motosacoche, brille à nouveau dans le Bol d'Or, la spectaculaire épreuve d'endurance.

Des étoiles
Elles sont onze au Red Star qui, pour la troisième fois consécutive, remportent la Coupe de France en battant Cette (Sète) par 4 à 2. Les voici, en haut de gauche à droite, Chayriguès, Meyer, Joyaut, Hugues, Gamblin, Bonnardel ; en bas, Cordon, Brouzes, Nicolas, Naudin, Sentubéry.

... Et bonne année

Si la France reste à la traîne des autres pays pour ses installations de postes téléphoniques – 19e rang mondial derrière l'Uruguay et l'Argentine –, nos braves postiers sont en revanche, toujours les premiers à présenter leurs vœux pour la nouvelle année. Le traditionnel calendrier des télégraphes pour 1924 rend hommage à l'aéropostale, dont la première expérience sérieuse date du 15 octobre 1913, entre Paris et Pauillac. Bonne année donc, et merci aux facteurs de nous la souhaiter car, si l'avion et l'automobile facilitent la circulation du courrier, les courageux facteurs de montagne continuent de l'assurer à skis, ceux de Vendée en barques, dans les Landes sur des échasses, en Corse à dos de mules, sans parler des bicyclettes qui s'arrêtent chaque jour devant nos boîtes aux lettres.

Etuves l'été, glacières l'hiver, les centres de tri et d'expédition postaux sont encore très vétustes. Mais cartes postales et timbres nouveaux arrivent à temps et font toujours rêver amateurs et collectionneurs.

Chronologie internationale

JANVIER

2 – Allemagne : le mark poursuit sa chute, le dollar vaut 7 260 marks.
– Paris : la Conférence sur les réparations accepte le principe, contre l'avis de la Grande-Bretagne, de prendre la Ruhr pour gage du paiement des réparations.
4 – Paris : fin de la Conférence sur les réparations. C'est la mésentente cordiale.
– Union Soviétique : Lénine conseille la destitution de Joseph Staline de sa fonction de secrétaire général du Parti communiste russe.
7 – Tombouctou : arrivée triomphale de l'expédition française Haardt-Audouin-Dubreuil à travers le Sahara, la Croisière Noire (voir pages 174-175).
– Les Partis communistes français, allemand, belge et anglais rédigent un document, le « Manifeste d'Essen », contre l'opération alliée dans la Ruhr.
9 – Décès de l'écrivain britannique Katherine Mansfield à Fontainebleau.
– Grande-Bretagne : une femme, Mrs Thompson, subit la peine capitale, la pendaison.
10 – Allemagne : les Lituaniens occupent le territoire de Mémel, administré depuis 1920 par la France.
11 – Allemagne : les troupes franco-belges pénètrent dans le bassin de la Ruhr. Le gouvernement allemand rappelle son ambassadeur à Paris (voir pages 100 à 105).
– Italie : mort de l'ex-roi de Grèce Constantin Ier, déchu en 1922, en exil à Palerme.
13 – Monaco : entrée solennelle du nouveau prince Louis II.
17 – Chine : en application des accords de Washington, les nouveaux droits de douane, portés à 5 pour cent, sont appliqués.
22 – Le Prix Nobel de Physique est décerné pour l'année 1922 à Nils Bohr, pour sa découverte d'un nouveau métal, le hafnium.
24 – Allemagne : dans la Ruhr, ouverture du procès des industriels allemands ayant refusé les réquisitions.
– Allemagne : le dernier contingent américain stationné en Rhénanie quitte Coblence.
28 – Belgique : les Wallons manifestent nombreux à Gand pour protester contre la flamandisation de l'Université française.

FÉVRIER

1er – Allemagne : mise en place d'une barrière douanière autour de la Ruhr ; en effet, l'occupation franco-belge bloque le trafic avec le reste de l'Allemagne et prive ainsi la Ruhr d'une partie de ses approvisionnements en charbon.
– Vatican : le pape Pie XI recommande des prières publiques pour éviter une nouvelle guerre.
– Allemagne : le dollar vaut 47 500 marks.
5 – Italie : le gouvernement fasciste de Mussolini déclenche une vague d'arrestations contre des militants socialistes.
– Haute-Silésie : la rupture d'une des digues de la Brinitza provoque des dégâts importants.
8 – Etats-Unis : conclusion, à Washington, d'un traité d'amitié et d'un accord sur la limitation des armements entre les Etats d'Amérique centrale.
10 – Bulgarie : un incendie détruit intégralement le Théâtre National de Sofia.
– Allemagne : décès de Wilhelm Conrad Röntgen à Munich. Premier Prix Nobel de Physique en 1901, il avait découvert les rayons X.
12 – Allemagne : dans la Ruhr, à Dortmund, les Français confisquent tous les véhicules automobiles allemands.
16 – Allemagne : le territoire de Mémel est cédé à la Lituanie.
18 – Belgique : une grève sauvage éclate dans le Borinage.
23-24 – Un concert transmis par T.S.F. par la station de Bamberger, près de New York, est reçu en France.

MARS

2 – Autriche : première de l'opérette *Madame de Pompadour* de Léon Fall à Vienne.
5 – Union Soviétique : publication dans la *Pravda* d'un article de Lénine critiquant Staline sans le nommer.
6 – Union Soviétique : Lénine signifie à Staline qu'il rompt toute relation personnelle avec lui.
10 – Union Soviétique : une troisième attaque prive Lénine de tout moyen d'action et d'expression.
– Allemagne : Alfred Rosenberg est nommé rédacteur en chef du journal nazi *Völkisher Beobachter.*
– Allemagne : deux soldats français, le sous-lieutenant Colpin et le chef de gare Joly, sont assassinés à Buehr dans la Ruhr par les Allemands qui protestent contre l'occupation de la région.
14 – Allemagne : les sections du NSDAP sont dissoutes par ordonnance dans plusieurs grandes villes. La Cour de Justice estime que le NSDAP attente à la sûreté de l'Etat.
– Madagascar : le terminus de la ligne de chemin de fer du lac Alaotra est inauguré à Andriba.
20 – La Grande-Bretagne réaffirme son mandat administratif sur la Transjordanie, qui s'était séparée en 1920 de la Palestine pour devenir un émirat indépendant.

28 – Grande-Bretagne : le prince de Galles fait une nouvelle chute de cheval au cours d'un steeple-chase.
31 – Allemagne : dans la Ruhr, treize ouvriers allemands des usines Krupp d'Essen sont tués après une manifestation contre les occupants français et belges.

AVRIL

3 – Monaco : ouverture des Jeux athlétiques internationaux féminins.
4 – Allemagne : les syndicats allemands lancent un appel aux travailleurs du monde entier contre l'occupation franco-belge de la Ruhr.
– Maroc : inauguration solennelle du port de Casablanca.
5 – Maroc : inauguration officielle de la ligne de chemin de fer Rabat-Fez.
8 – Inde : on dénombre 9 000 cas de peste et 8 000 morts en une semaine.
9 – Italie : mariage de la fille aînée du roi d'Italie, la princesse Yolande, et du comte Calvi de Bergolo au Palais du Quirinal à Rome.
11 – Italie : ouverture de la Foire de Milan.
– Allemagne : l'interdiction de posséder des récepteurs de radio est levée.
16 – Italie : à Rome, le Comité international olympique demande que l'Allemagne puisse à nouveau participer aux Jeux Olympiques.
17 – Union Soviétique : ouverture du 12e Congrès du Parti communiste de l'URSS. Staline et la direction du Parti sont vivement critiqués.
19 – Egypte : la nouvelle constitution du pays, de type parlementaire, est promulguée par le roi Fouad Ier.
– Le général Weygand est nommé haut-commissaire en Syrie et au Liban dans un climat d'hostilité vis-à-vis de la France.
21 – Italie : le gouvernement fasciste institue le jour de la fondation de Rome comme fête nationale et supprime la fête du Travail (1er mai).
23 – Suisse : ouverture à Lausanne de la Conférence pour la paix en Orient rassemblant les représentants de la Grande-Bretagne, de la Turquie, de l'URSS, de la Bulgarie, de la Grèce et de l'Italie.
– Italie : les ministres catholiques du Parti populaire quittent le gouvernement fasciste de Mussolini.
27 – Le gouvernement fasciste de Mussolini décrète l'italianisation forcée des noms de lieux au Tyrol du Sud.
– Le bateau portugais *Mossa Medes* fait naufrage au large des côtes sud-africaines : 237 morts.
28 – Grande-Bretagne : l'inauguration du plus grand stade du monde, à Wembley, se transforme en drame devant le roi George V : une bagarre générale fait un millier de blessés.
29 – Italie : Pie XI prononce la béatification de sœur Thérèse de l'Enfant Jésus à Saint-Pierre-de-Rome (voir pages 69 à 71).

MAI

1er – Le président du Conseil hongrois, le comte Bethlen, est en visite officielle à Paris.
– Allemagne : des militants para-militaires, partisans d'Hitler, défilent dans les rues de Munich.
2 – Allemagne : le gouvernement demande aux Alliés de nouvelles négociations sur les réparations et se propose de régler 30 milliards de marks-or.
3 – Trois avions de la compagnie Latécoère inaugurent la ligne aérienne Casablanca-Dakar.
3-19 – Le maréchal Foch effectue un voyage triomphal en Pologne et en Tchécoslovaquie.
5 – Chine : l'express Pékin-Tientsin est attaqué par des bandits et de nombreux voyageurs étrangers sont faits prisonniers.
7 – Italie : une importante éruption de l'Etna fait d'énormes dégâts matériels. La région est évacuée.
8 – Allemagne : à Werden dans la Ruhr, le Conseil de guerre condamne l'industriel Krupp von Bohlen à quinze ans d'emprisonnement.
9 – Le général Weygand, nommé haut-commissaire le mois dernier, arrive en Syrie, en remplacement de Gouraud.
11 – France : la reine des Belges Elisabeth et le président Millerand inaugurent une exposition de l'art belge ancien et moderne au Jeu de Paume à Paris.
14 – Italie : Mussolini préside à Rome l'ouverture du Congrès international pour le suffrage des femmes.
15 – Le milliardaire américain George Jay Gould meurt au Cap Martin.
22 – Grande-Bretagne : Sir Bonar Law est obligé de se démettre de ses fonctions de Premier ministre pour raisons de santé. Stanley Baldwin lui succède.
23 – Belgique : création de la Société anonyme belge d'exploitation de la navigation aérienne.
24 – Allemagne : l'Internationale des jeunesse socialistes, dont Erich Ollenhauer est le secrétaire général, est fondée à Hambourg.
26 – Allemagne : l'officier allemand Leo Schlageter, accusé de sabotage pour avoir fait sauté un train, est fusillé par l'armée française à Dusseldorf.
30 – Chine : une émeute nationaliste éclate à Changaï, dans la concession internationale.

JUIN

4 – Italie : le Vésuve entre en éruption.
6 – Grande-Bretagne : le très célèbre cheval anglais *Papyrus*, de M. Irish, monté par Donoghue, gagne le Derby d'Epsom.
7 – France : arrivé à Paris du célèbre pianiste et ancien président polonais Paderewski, pour une grande tournée.
9 – Bulgarie : un coup d'Etat d'extrême droite à Sofia renverse le Premier ministre A. Stamboliiski. Alexandre Zankof prend sa place.
14 – Grande-Bretagne : une nouvelle loi stipule que l'adultère masculin est un motif valable de divorce pour les femmes.
19 – La Grande-Bretagne et les Etats-Unis signent un accord sur les dettes interalliées.
22 – Allemagne : le dollar est à 136 000 marks.
23 – Chine : à Canton, un Français ayant été tué, les marins français mitraillent la ville.
26 – Le pape Pie XI demande l'évacuation de la Ruhr dans une lettre rendue publique.
30 – Allemagne : un attentat contre un train de permissionnaires belges fait 10 morts à Duisbourg dans la Ruhr.
– Allemagne : ouverture d'un musée unique au monde à Kassel, consacré aux tapis.

JUILLET

1er – Le général Gouraud effectue un voyage aux Etats-Unis.
– Etats-Unis : la société secrète du Ku Klux Klan (KKK) revendique quatre millions de militants. On suppose qu'elle n'en possède effectivement que le quart.
5 – L'Union Soviétique reprend ses exportations de céréales qu'elle avait interrompues depuis la Révolution.
6 – L'Union Soviétique se dote d'une constitution de type fédéral.
– Grande-Bretagne : Suzanne Lenglen remporte pour la cinquième fois le tournoi de Wimbledon.
8 – Allemagne : l'inflation se poursuit : un litre de lait vaut 4 000 marks.
– Arrivée en France pour une visite officielle du bey de Tunis Sidi Mohammed El Habib.
10 – Grande-Bretagne : le prince égyptien millionnaire Ali Kamel Fahmy est assassiné dans sa suite de l'hôtel Savoy. Sa femme sera jugée pour meurtre puis acquittée.
12 – Grande-Bretagne : le Premier ministre Baldwin demande la fin de l'occupation de la Ruhr, qui fait courir au monde le risque d'un nouveau conflit.
18 – Italie : publication du programme de dénationalisation du Tyrol du Sud. Le Tyrol et le Tyrol du Sud deviennent le Trentino et l'Alto Adige.
20 – Assassinat du légendaire guerillero mexicain Pancho Villa.
24 – Suisse : signature du traité de paix de Lausanne entre la Turquie et la Grèce. Ce traité revise le Traité de Sèvres et rend l'Asie Mineure à la Turquie.
25 – Bulgarie : une collision ferroviaire fait 103 morts et 200 blessés.
– Italie : Mussolini fait adopter une nouvelle loi électorale qui assurera la victoire aux fascistes.
29 – Allemagne : le physicien Albert Einstein participe à une manifestation pacifiste à Berlin.
29-31 – Roumanie : une conférence de la Petite Entente se tient à Sinaïa avec la Tchécoslovaquie, la Roumanie et la Yougoslavie.

AOÛT

2 – Etats-Unis : le président Warren Gamaliel Harding meurt dans l'exercice de ses fonctions. Le vice-président, Calvin Coolidge, lui succède.
6 – L'Américain Sullivan réalise la 3e traversée de la Manche à la nage en 27 h 45.
7 – Portugal : Teixera est élu à la présidence de la République.
– Allemagne : le dollar vaut 3,3 millions de marks.
11 – Grande-Bretagne : le ministre des Affaires étrangères déclare : « L'occupation de la Ruhr est contraire au Traité de Versailles. »
– Union Soviétique : le 6 juillet, anniversaire de la promulgation de la constitution de l'Union Soviétique, est déclaré jour férié.
12 – Allemagne : à la suite de la démission du chancelier Cuno, Gustav Stresemann, président du Parti populiste allemand, devient chancelier.
15 – Irlande : le leader de l'IRA, Eamon de Valera, est arrêté.
24 – Finlande : Paavo Nurmi bat le record du monde du 1 500 mètres en 3 min 53 s.
31 – Le Ruanda-Urundi devient protectorat belge par convention internationale.
– Pays-Bas : on célèbre à La Haye les fêtes du Jubilé de la reine Wilhemine.
– Grèce : Mussolini fait bombarder puis occuper l'île de Corfou pour riposter à l'assassinat du général italien Tellini par les Grecs.

SEPTEMBRE

1er – Japon : à midi, le pays dans son ensemble est secoué par un violent tremblement de terre (voir page 176).
2 – Allemagne : à l'occasion du Congrès allemand de Nuremberg, Adolf Hitler s'attaque au gouvernement de la République de Weimar.
9 – Italie : Mussolini donne le départ du premier Grand Prix d'Europe à Monza. Salamano est vainqueur sur Fiat.
11 – France : obsèques à Paris, à la Madeleine, de deux militants fascistes italiens tués à Paris.
12 – Annexion de la Rhodésie du Sud à la Couronne britannique. La minorité blanche réclame le « self government ».
13 – Espagne : coup d'Etat militaire du commandant général de Barcelone, Miguel Primo de Rivera y Orbaneja. Il met en place, avec l'accord du roi Alphonse XIII, un gouvernement militaire.
15 – Madagascar : ouverture de la première Foire commerciale de Tananarive.
18 – Etats-Unis : les journaux ne paraissent plus à New York, suite à une grève des imprimeurs.
26 – Allemagne : le gouvernement décrète la fin de la résistance passive dans la Ruhr.
– Bavière : tentative de coup d'Etat autonomiste de Gustav Von Kahr. Le président du Reich, Ebert, décrète l'état d'urgence.
27 – Grèce : les troupes italiennes évacuent l'île de Corfou sous la pression de la Grande-Bretagne et de la Société des Nations.

OCTOBRE

1er – Rhodésie du Sud : la Grande-Bretagne accepte le principe du « self government » pour la minorité blanche.
– Italie : l'italianisation forcée continue. L'enseignement de l'Allemand est interdit dans les écoles du Tyrol du Sud.
2 – Rome : le pape Pie XI fait appel aux évêques américains pour écarter de l'Europe le menace de famine.
6 – Allemagne : le commandant de réserve Buchrucker est enfermé avec ses troupes dans la forteresse de Spandau après avoir tenté une marche sur Berlin à la tête d'une armée clandestine de 20 000 hommes. Il se rend.
13 – Grande-Bretagne : l'aviateur Alexis Maneyrol se tue lors d'un concours à Lympne.

16 – France : le président de la République tchécoslovaque, Thomas Masaryk, est en visite officielle à Paris.
21 – Allemagne : le dollar vaut 12 milliards de marks.
– Allemagne : la Rhénanie est secouée par une agitation séparatiste. Proclamation à Aix-la-Chapelle d'une République rhénane.
22 – Allemagne : le dollar vaut 40 milliards de marks.
24 – Allemagne : un soulèvement communiste échoue à Hambourg. A la suite d'une grève générale, les communistes s'étaient emparés des postes de police le 22.
25 – Grande-Bretagne : Baldwin annonce à la conférence du Parti conservateur de Plymouth, son intention de consulter le pays sur le protectionnisme.
28 – Grèce : le général Métaxas échoue dans une tentative de coup d'Etat.
29 – Turquie : la République est proclamée par Mustafa Kemal.
29-4 novembre – Italie : célébration du premier anniversaire de l'Etat fasciste à Rome et Milan.

NOVEMBRE

2 – Allemagne : les ministres appartenant au Parti social-démocrate quittent le gouvernement.
3 – Grande-Bretagne : mariage à Londres du prince héritier de Suède et de lady Louise Mountbatten.
8 – Allemagne : Adolf Hitler et le général Ludendorff tentent un coup d'Etat à Munich.
14 – Italie : l'application de la nouvelle loi électorale avantage sans conteste le Parti national fasciste.
15 – Allemagne : le mark est remplacé par le rentenmark, émis par Luther et Schnacht, monnaie de transition d'une valeur de 1 000 milliards de marks-or.
16 – Grande-Bretagne : le roi accorde à Baldwin la dissolution de la Chambre.
17 – Allemagne : l'inflation est enrayée.
23 – Allemagne : démission du chancelier Stresemann et de son gouvernement après la motion de défiance présentée par le Parti radical-démocrate.
30 – Allemagne : Wilhelm Marx est chancelier et forme un nouveau gouvernement, où Stresemann détient les Affaires étrangères.
– Italie : Mussolini fait une déclaration comme quoi : « Le gouvernement fasciste ne voyait aucun obstacle à reconnaître *de jure* la Russie soviétique... Il réclamait seulement des avantages économiques. »

DÉCEMBRE

1er – Allemagne : Dorten est nommé chef du gouvernement provisoire de la République rhénane qui prendra fin le 4.
– Italie : une inondation à Dezzo, près de Bergame, fait plus de 600 victimes.
4 – Panama : inauguration d'un monument à la mémoire de 22 Français morts lors de la construction du canal.
6 – Grande-Bretagne : les Conservateurs perdent des sièges au profit des Travaillistes lors des élections à la Chambre des communes, mais gardent la majorité.
8 – Allemagne : les pleins pouvoirs financiers sont accordés au gouvernement de Wilhelm Marx, qui prend des mesures d'urgence en matière économique et sociale.
10 – France : la Société des Nations tient deux séances à l'Hôtel de Ville de Paris.
14 – Allemagne : le temps de travail hebdomadaire est fixé à 54 heures pour les fonctionnaires et 59 pour les ouvriers de la sidérurgie.
17 – Koweït : le gouvernement britannique convoque une conférence pour régler les problèmes d'Arabie, avec des délégués du Hedjaz, du Nejd, de l'Irak et de la Transjordanie.
18 – France : l'Espagne, la France et la Grande-Bretagne signent au Quai d'Orsay le statut international de Tanger.
19 – Grèce : départ d'Athènes du roi et de la reine pour l'exil.
20 – Allemagne : les ouvriers refusant la journée de 8 heures sont renvoyés des usines Krupp.
27 – Japon : le prince-régent Hiro-Hito, fils de l'empreur Yoshi Hito, échappe à une tentative d'assassinat à Tokyo.
– Egypte : le Parti nationaliste, le Wafd, est victorieux aux élections législatives (190 sièges sur 211).
– La Croix-Rouge internationale lance une grande collecte de dons en faveurs de l'Allemagne.
31 – Afrique : inauguration du tronçon de la voie ferrée Thiès-Kayes. Dakar est désormais relié au Niger.

Crédits photographiques

(h : haut ; b : bas ; r : rond ; m : milieu ; hd : haut-droite ; hg : haut-gauche ; bd : bas-droite ; bg : bas-gauche ; md : milieu-droite ; mg : milieu-gauche ; hm : haut-milieu ; bm : bas-milieu ; mm : milieu-milieu)

A.F.P. : 146hg. ARCHIVES A.C.O. : 172h, 172b, 173hg, 173b. ARCHIVES ANDRE BAY : 142md, 142bg. ARCHIVES PHOT. PARIS/SPADEM : 27hg. ARLAUD/CNMHS/SPADEM : 19bg, 121h. ASP-BN : 79mg, 80hg. PH. BAYIER, PH. MIGEAT : 84hm. BOYER-VIOLLET : 164m. NICOLAS BLANCHARD : 103md. PH. BRITISH CONCIL : 148mm. PH. BULLOZ : 86bm (/Musée national d'art moderne) : 87bd (/Musée d'Orléans); 89bg (/Musée national d'art moderne). JEAN PAUL CARACALLA : 58hd. J.L. CHARMET : 14h, 60m, 65bg, 78mg, 81hg, 81hd, 91hd, 93bg, 94h, 94m, 94bd, 95hg, 95hd, 95bm, 97b, 102hd, 102md, 103bg, 129mg, 133bm, 138md, 143md, 144bm, 146mm, 148hm, 148hd, 186m(2). J.L. CHARMET/Bibliothèque des Arts Décoratifs : 96d, 132hg, 135bm, 136hd, 136b, 137. CITROEN : 175mg, 175md. G. DAGLI ORTI : 83bd, 86hd (Coll. Juliet Man Ray) ; 87hd (/Musée national d'art moderne) ; 89hg (/Museum Folkang); 90h, 92hm. R. DAZY : 25m, 34b, 46bd, 76h, 78bd, 103h, 114hg, 116hg, 117hd, 144h, 145mg, 148bg. DELIUS : 158hg. DE SELVA-TAPABOR : 85md, 92mg, 112hm, 117hg, 132mg, 134bd, 137md, 137bm, 138bg, 139md, 139bd, 142hg. PH. DORNAC : 61b. PH. DPA BILD : 102mg. DROITS RESERVES : 24m, 26mm, 28bg (/Coll. Musée de Radio France) ; 28bd, 29m, 42hd, 46h, 54md, 59b, 61hg, 69h, 69bg, 69bd, 70hg, 70hm, 70m, 70b, 71bg (*/Le Pèlerin*) ; 71bd, 72hd, 73hg, 78hd, 80hd, 80b, 97hd, 104m, 104b (/Coll. Guicheteau) ; 116hd, 116mm, 131bd, 142bd, 153hd, 186bd. PH. ELLIOT ET FRY : 147bm. ENOCH ET CIE EDITEURS : 119bd. *EXCELSIOR/*PH. G. LEIMDORFER : 18m, 90bg, 91hg, 91bm, 145bm. *EXCELSIOR/*DIFFUSION PRESSE-SPORTS : 11, 12h, 12b, 13h, 13b, 14b, 16h, 16b, 17h, 17b, 18h, 18b, 21b, 22b, 23, 24hg, 24hd, 25hg, 25b, 26h, 26mg, 26bd, 27hd, 27m, 27bg, 28hg, 28hd, 28m, 29h, 29b, 30m, 30b, 31h, 31m, 31b, 32h, 32m, 32bg, 33h, 33md, 33bg, 33bd, 34h, 34mg, 35h, 35m, 35b, 36m, 36b, 37hg, 37hd, 37mg, 37b, 38hd, 38b, 39h, 39bg, 39bd, 40h, 40m, 40b, 41h, 41m, 41b, 42mg, 42b, 43h, 43m, 43b, 44-45h, 44b, 45h, 45m, 45b, 46bg, 47h, 47mm, 48hg, 48hd, 48b, 49h, 49bg, 49bd, 50h, 50b, 50r, 51m, 51r, 52h, 54h, 54b, 55h, 55b, 56h, 56m, 56b, 57h, 57m, 57b, 60, 61hd, 62b, 63hg, 63hd, 63bg, 63bd, 63r, 64hd, 64b, 65h, 65bd, 72b, 73hd, 73mg, 73b, 74h, 74b, 75hg, 75hd, 75b, 76m, 76b, 82hm, 92hg, 93hm, 96bg, 97hg, 97mg, 98md, 98b, 99h, 99md, 99b, 100h, 100m, 100b, 101h, 101m, 102hg, 106h, 106m, 106b, 107h, 107m(2), 108b, 113b, 114hm, 114hd, 114bg, 114bd, 115hd, 116bg, 118h, 118m, 118b, 119m, 124h, 124m, 124b, 125h, 125m, 125b, 126h, 126bg, 126bd, 127h, 127m, 127b, 128m, 128b, 129h, 129md, 129b, 132b, 133h, 134hd, 134bm, 135h, 135bg, 135bd, 136hg, 137hd, 139hg, 140bd, 145h, 145md, 147bd, 148hg, 149h, 149m, 149b, 150h, 150m, 150b, 151h, 151mg, 151bd, 153hg, 154hd, 154b, 156h, 156m, 156b, 157h, 157bg, 157bd, 158-159h, 159b, 160h, 160m, 160b, 161h, 161b, 162h, 162b, 163hg, 163b, 164h, 165h, 165md, 165b, 167h, 167b, 168h, 168bg, 169h, 169m, 169b, 170bg, 170bd, 171h, 171m, 171b, 176hd, 177h, 177m, 177b, 178h, 178m, 178b, 179h, 179mg, 179md, 179b, 180h, 180b, 181h, 181bg, 182m, 182bg, 183hg, 183hd, 183b, 184h, 184mm, 184md, 184b, 185hm, 185hd, 185mg, 185md, 185b. EXPLORER (Archives) : 102b, 141 (5) (/Coll. Béranger). PH. M. FOMBERTEAUX : 176hg. ARCHIVES GALLIMARD : 143bm, 144bg. MARC GARANGER : 83bg. GAZ DE FRANCE : 90bd. GIRAUDON : 72hg, 112b. *GRAND HEBDOMADAIRE DU NORD :* 93hd. ARCHIVES GRASSET : 144bd. PH. COLL. G. GUICHETEAU : 47b. PH. HARLINGUE : 146hm. HARLINGUE-VIOLLET : 44mg, 101b, 105bd, 174b. PH. J. HYDE : 87bg (/Musée national d'art moderne). *L'ILLUSTRATION*-LL : 113hm. PH. *ILLUSTRATION/* DIFFUSION SYGMA : 15h, 15b, 137hg, 152bg, 174h, 174m, 176b. I.N.R.P./MUSEE NATIONAL DE L'EDUCATION : 148bd. HUBERT JOSSE : 82mg, 130b. COLL. A. KAHN : 64hg, 90mg, 130hg, 131hd, 131bg. KHARBINE-TAPABOR : 77hg, 77hd, 78hg, 79h, 79md, 81md, 81b(2), 82hd, 82b, 90bm(2), 91hm, 91bg, 91bd(2), 92hd(2), 92bm, 92bd, 93bm, 94bm, 95bg, 95bd, 96bg, 119bm, 133bg, 133bd, 138hg, 138hd, 138mg, 138mm, 138bd, 139hd, 139bg, 139bm, 140g(3), 140hd, 143h(3), 166bm. LABOUCHE FRERES : 19h, 20hg, 20bd. COLL. PART. S. LAGET : 165mg, 180bg. PH. LARDOSSE : 88bg. ASSOCIATION DES AMIS DE J.H. LARTIGUE : 25hd, 168m. PH. LAUROS/ GIRAUDON : 60b, 83h, 84hg, 89hd, 89bd, 146hd. PH. HENRI MANUEL : 26bm, 85hd, 112hg, 145hg. PH. MERCIER : 88bd, 123h. PH. MEURISSE : 77mg, 78bm. MEURISSE-BN : 21bd, 38hg, 55m, 71h, 87hg, 113hg, 115md, 116bd, 117mg, 117bd, 128h, 130-131h, 147mg, 167m, 181bd. MUSEE DE L'AIR : 163hd(2). MUSEE DES ARTS DECORATIFS : 122md. MUSEE NATIONAL D'ART MODERNE : 84bg, 85hg, 86hg, 88h, 122b, 123bd. MUSEE DES ARTS ET TRADITIONS POPULAIRES : 19bd, 20hd. MUSEE DE LA PUBLICITE : 91mg. PH. NADAR, père : 32bd. ND-VIOLLET : 120hd. *NEW YORK TIMES :* 77bd. PH. P. PETIT : 88md. ARCHIVES PALAIS PRINCIER, MONACO : 109md. PEUGEOT SOCHAUX DAS/AGRAV REPRO : 93bd, 168bd. COLL. PRIMAGAZ : 93hg. COLL. PART. GASTON REBUFFAT : 52m, 53b, 53h, 53bd, 54mg. REGIE RENAULT : 5. H. ROGER-VIOLLET : 22h, 85bg, 86bg, 105h, 105m, 105bg, 112md, 115b, 119bg, 120hg, 120mg, 143bg, 152h, 152bd, 153bg, 153bd, 154mg, 155hg, 155hd, 155m, 155b, 166h, 166bd, 170h, 170m, 175h. PH. ROL : 51h. ROL-BN : 30-31h, 36h, 47mg, 62h, 98hd, 113md, 146bd, 158b, 159h, 175b, 182h, 186hd(2), 186bg. FRANCIS SALABERT : 119hg (The Lawrence Wright music) ; 119hm. Mme SCHNEIDER-MAUNOURY/ART CURIAL : 98hg. PH. SIMMERING : 59hg. S.N.C.F. : 58bg. SOCIETE DES BAINS DE MER, MONACO : 108h, 108mg, 108md, 109mg, 109md, 109b, 110h, 110mg, 110md, 110bg, 110bd, 111h(3), 111m, 111bg, 111bd. TALLANDIER : 166mg. PH. TAIRRAZ : 53bg. COLL. MICHEL TOULET : 115h. PH. UNIVERSELLE : 147hm. PH. USIS : 79b. PH. MARC VAUX : 122hg. LA VIE DU RAIL : 58hg, 58md. COLL. VIOLLET : 172m, 173m. PH. VIZZAVONA : 84bd, 154hg. ZEITGESCHICHTLICHES BILDARCHIV H. HOFFMANN : 104h.

Achevé d' imprimer en Italie par Rotolito Lombarda
Dépôt légal : Août 2011